© 2020 An Clò Glas

Gach còir glèidhte.

Air fhoillseachadh ann an Canada:
An Clò Glas
West Montrose, Ontario
fios@ancloglas.com

Cruthan-clò air an cur gu feum: *Duibhlinn* le EverType, *Gadelica* le Séamas Ó Brógáin, *Source Serif Pro* le Adobe, *Garamond* le Monotype.

Tha ìomhaigh a' chòmhdaich air a cleachdadh le cead bho (agus le taing do) *Meamram Páipéar Ríomhaire* le Scoil an Léinn Cheiltigh, Institiúid Ard-Léinn Bhaile Átha Cliath (www.isos.dias.ie).

Is ann le Leabharlann Nàiseanta na h-Alba a tha an làmh-sgrìobhann fhèin (Adv. MS 72.2.13), agus chleachdadh a choltas fon cheadachas CC BY 4.0.

Chan fhaodar lethbhreac a dhèanamh den leabhar seo no de phàirt dheth ach le cead sgrìobhte bhon Chlò Ghlas.

ISBN: 978-1-7773288-0-1
Tiotal: Aiseirigh

Aiseirigh

Òrain le

Alastair Mac Maighstir Alastair

Stèidhte air a' chiad tionndadh (1751) le sùil air na tionndaidhean eile

Sgàire Uallas
a dheasaich

Do an Uasal Onarach,

BHALTAIR MAC-PHARLAIN,

Triath Chlann-Pharlain.

Uasail Oirdheirc,

Is e ar stuiddearra mor doi'-chíoſaicht', agus ar n eolus neamh-chummanta, anns gach ni a bhuineas do dh'fhaolum agus do ſheanchas; go ſonraicht', ar gaol gun choi'-meas do na nithe ſin a bhuineas do ar duthaich agus do ar canoin mhathaireil féin, a bhroſtaich me chum an obair ſo chuir fo ar dídionn. Uimeſin tha me dochuſach go fuiling ſibh fo ar tearmann i, chum gur luaithite ghabhar ſpeis agus tlachd dh' i, ann meaſg gach dream a thuigeas a chanoin ſo. Oir, feadaidh me radh gun bhroſgul, nach b' urrainn i bhi ni ba ſhábhailte fo thearmann neach air bioth eile.

Tha ar cliu mor agus ar n alladh chomh-lan-ſhoilleir cheana, as nach ruig miſe leas ann ſo toiſeachadh ri mheadachadh; a bhar gur fior chinnteach me, nach bheil ni air bioth is graineile, agus is fuathaiche libhs', na ni ſin a bhiothas coſoil ri broſgul no miodal. Agus ann lan dóchus, go faidh an obair mheanbh ſo, ar dion agus ar comaradh,

Tha mi le mor ſpéis agus urram,

    ar ſeirbheiſeach fior umhuil,

        Alastair Mac-Dhonuill.

buidheacas

Do na GÀIDHEIL,
a thug an uiread dhomh. Tha mi an dòchas gum bi an leabhar seo na thoiseach-tòiseachaidh, is mi a' feuchainn ri rudeigin a thoirt air ais.

Agus gu h-àraid do PHÒL GEADAIS,
a bha dhomhsa na dhàrna sùil agus na chuideachadh ro-mhòr fhad 's a bha mi a' saothrachadh an leabhair seo.

Le mòr-spèis,

    SGÀIRE

Ro-ràḋ a' Ċiaḋ Tionnḋaiḋ, 1751

The following work is presented to the public for two reasons. One is, the hopes the author entertains, that the publication of the those poems wrote some time ago, for the amusement of a private gentleman, may afford some entertainment to those versed in this ancient and comprehensive language; and raise in others a desire to learn something of it, if they can be brought to think, that it may possibly contain in its bosom the charms of poetry and rhetoric, those two great sources of pleasure and persuasion, to which all other languages have owed their gradual advancement, and, in these improving times, their last polish and refinement.

The other reason of their publication at present is, to bespeak, if possible, the favour of the public, to a greater collection of poems of the same sort, in all kinds of poetry that have been in use amongst the most cultivated nations, from those of the earliest composition to modern times; their antiquity either proved by historical accounts, or ascertained by the best tradition; with a translation into English verse, and critical observations on the nature of such writings, to render the work useful to those that do not understand the Gaelic language. And if such a series can be made out, besides the general agreeableness of the thing itself, nothing perhaps will better contribute to discover the progress of genius, through all its different degrees of improvement, from extreme simplicity, to whatever height we shall happen upon examination to find it, amongst this people; and from thence we shall be able to judge, what further improvements it might have received, had the same happy circumstances concurred in its favour, to which other languages, whether living or dead ones, have owed their success. An agreeable inquiry, surely! And one would think not displeasing, even to the inhabitants of the lowlands of Scotland, who have always shared with them the honour of every gallant action, and are now first invited to a participation of their reputation for arts, if that too shall be found, on an impartial scrutiny, to be justly claimed by them.

Nor need it surprise any one, that this genius should be found among a people so remote from the commerce of nations famous for arts and sciences, and now relegated to an obscure, neglected corner, who considers, that the Celtic nation, of which they are a small, but precious remain, once diffused itself over a great part of the globe. From its bosom have issued the conquerors of Rome, the planters of Gaul, Britain, Ireland; still found subsisting in this last, in Wales, in some parts of Spain, and along the coast of France; once great and flourishing in Asia; and peculiarly distinguished, in having one of the holy epistles of the great Apostle of the Gentiles addressed to them. A people so extensive and numerous, could not fail of having made considerable improvements amongst them, though many of their monuments are lost, and the greatest monument of all, the language, entirely neglected.

It would be agreeable, to trace the progress of their genius as far as it is now possible to discover it, through all its modifications and changes; to observe what different tinctures, as one may say, it has received, from the many different climates, people, and customs, through which, as so many strainers, it has passed. But as this is a work of a much longer detail than can be executed in this place, we shall leave the further prosecution of this notion, to a more favourable opportunity. We cannot however but testify to our surprise, that in an age in which the study of antiquity is so much in fashion, and so successfully applied to so many valuable purposes, whether religious or civil, this language alone, which is the depository of the manners, customs, and notions of the earliest inhabitants of this island, and consequently seems to promise, on an accurate review of it, the most authentic accounts of many things useful for us to know, should remain in a state, not only of total abandon, but, which is more astonishing, in an age so happily distinguished from all others, for freedom of thought, love of knowledge, and moderation, this people and this language should be alone persecuted and intolerated.

As for what concerns the following poems, and their author: As they are published in the Gaelic language, only those that understand that tongue, are competent judges of them; and he submits them to their censure and indulgence; all his ambition being, to approve himself a lover of his country, and an inoffensive man.

Ro-ràd Tionndad na bliadna 1839

It has been the fate of few men of genius to be so much celebrated, and at the same time, so little known as the subject of this memoir. Although lie died during the life time of many persons still living, yet few or none of them can give any satisfactory account of the life and personal history of the greatest poet which their country has produced.

Alexander Macdonald, was the son of the Rev. Alexander Macdonald, minister of Ardnamurchan. The time of his birth is not known, but we may assume that it was about the year 1700. According to the tradition of that country, he was born at Dalilea, on the banks of Loch Sheil, in Moidart. Of his early history and education little or nothing is known. According to some reports, he was intended for the Church; and, from his own writings, it appears that he had received some classical knowledge. The first authentic memorial of him appears in a book entitled "A Gaelic and English Vocabulary" which he published in the year 1741. The book was published by the desire, and at the expense of the Society in Scotland for propagating Christian knowledge, for the use of their Schools.

At this time Macdonald served the Society in the humble capacity of schoolmaster, at Ardnamurchan, and he informs us, in the preface, that the Society suggested the undertaking to the Presbytery of Mull, and the presbytery laid it upon him to prepare such a work for the use of their scholars.

The situation of schoolmaster was probably not very congenial to the temper and disposition of the bard; and an opportunity soon occurring, he laid down the birch, and took up the sword. When Charles Edward landed in 1745, he was joined by most of the Clan Macdonald, and Allan Macdonald, younger of Clanranald, having also answered the call, he was followed by the poet; who attended the young chief till the close of the Rebellion. After the defeat at Culloden, the bard was obliged to skulk and hide himself for a year or two, in the wilds of Moidart and Arasaig. It was during the time of his concealment that he composed the greater part of those fiery and enthusiastic Jacobite Songs, which astonish us by their boldness, while they delight us with the beauty and elegance of their language and composition.

After the act of indemnity had passed, the bard came forth from his concealment; and the family of Clanranald, either grateful for his services, or willing to reward his devotion to their cause, appointed him bailie, or land steward of the island of Cana. It was probably about this time that he forsook the religion in which he had been educated, and embraced the creed of his patron, who belonged to the Church of Rome.

Macdonald was never very rigid in matters of religion, or morality, and a contemporary satirist ascribes his change of religion to motives of interest. As the satire contains some traits of the bard's life and character, a part of it is inserted to supply the scanty materials for his biography (page 170):

> Gun d' rinn thu air d' athair dì-mheas,
> Dh'amhairc thu sìos air do mhàthair;
> Bhris thu 'n seanchas a tha sgrìobhte,
> An dèidh a dhìonachadh sna fàintean:
> Thug thu mionnan air a' Bhìoball,
> Nach b' fheàrr do shinnsir na Sàtan,
> 'S bhrath thu iad air bheagan cùinnidh,
> Mar rinn Iùdas air ar Slànaighear;
> A' bhliadhna sin thàinig am Prionnsa,
> Bu shiùbhlach thu feadh gach àite,
> Nad chlach-bhalg air feadh gach duthcha,
> Ag iarradh orr' tionndadh le Tèarlach,
> Ach cho luath 's a thug e chùl riut,
> Thionndaidh an cù thar an nàdair;
> 'S cha bheairteas, ach sodal cùirte,
> Chuir thu ghiùlan crois a' Phàpa.

Soon after this he came forward and published his poems at Edinburgh, in the year 1751. The book is full of the most violent and fearless Jacobitism, and the most daring and rebellious language; where the reigning family are held up as worthless usurpers; bloody and cruel tyrants, who were regardless of the lives and property of the subjects. "The butcher Cumberland," is often introduced, and held up as a bloody and cruel monster. On the other hand, the Rebels receive their due meed of fame; and even the hoary and treacherous villain Lovat is represented as a saint and a martyr.

The passions and prejudices of those who had been engaged in the Rebellion must have been highly gratified by the publication of this volume, only five years after their unsuccessful struggle. The author's name appeared in the title-page; but the more cautious printer did not venture to let his name be known. The book must have obtained a rapid sale; and in the year 1764, it was partially reprinted by John Orr, a bookseller in Glasgow.

Of the author's history after the publication of the book, very little is now known. He was of a restless and unhappy disposition, and did not long retain his office in the isle Cana.

He composed a number of songs after this, and one of them called Alexander's removal from Eignig, displays curious traits of the irritable and discontented temper that embittered his life. He there represents all things, animate and inanimate—rocks and thorns, thistles and wasps, ghosts and hobgoblins, combining to torment and persecute him. It is said that the true cause of this removal was a quarrel with the priest; this appears to be alluded to in these lines (page 156):

> Am fear a bha riochdail na chaisean,
> Dhèanadh ascaoin-eaglais chruaidh orm,
> Mun cluinneadh a chluas frith-chasad.

He removed to Inveraoi, in Knoydart; a place re- presented as full of all good things, flowing with milk and honey, and "free of ghosts and hob-goblins." How long he remained in this rocky paradise is not known, but he appears to have lived for some time in Morar, as he composed a very elegant song in praise of that country.

He lived a life of poverty and dependence, and, after many wanderings, died at a place called Sandig, in Arasaig, and was buried in Island Finnain, in Lochsheil.

He was married to Jane Macdonald, of the family of Dail an Eas in Glenetive. He composed a song on her, which is not remarkable for tenderness or affection, but cold and artificial, when compared with his lofty and impassioned strains in praise of Morag. Some of his descendants still remain, and one of them died a few years ago at Laig, in the isle of Eige.

In forming an estimate of Macdonald as a man, we have now only his works to assist us in the enquiry: but these are sufficient to enable us to form an opinion on several points of his character. He adopted and maintained the cause of the unfortunate Stuarts with an enthusiasm and attachment truly poetical and disinterested. Even after their total defeat, and when their cause appeared hopeless in the eyes of impartial observers, the poet indulged in bright dreams, and his imagination portrayed their future glories, when they were to be enthroned at Whitehall, and surrounded with a double guard of their faithful Macdonalds. Most of his Jacobite songs were composed after the defeat at Culloden; and the poet's distress and anguish for their loss only added to his love and attachment to the unfortunate; while his indignation and resentment pursued with unrelenting bitterness and satire, the most eminent of his victorious enemies.

As a poet, he may be placed at the head of all the Caledonian bards, ancient or modern. He possessed a bold and vigorous imagination, which adorned the most barren and unpromising subjects with the graces of eloquence and the splendour of poetry. As a proof of this, we need only instance his poem on the Bìrlinn, and that in praise of the great bagpipe. As a descriptive poet he ranks with the very highest: his poem on Allt an t-Siùcair, may be safely placed in competition with any descriptive poem, whether in Gaelic or English.

Moladh Mòraig: This is one of the finest productions of the Celtic muse. The bard appears to have been really enamoured, and he pours forth his elegant, rapid, and impassioned strains, in a torrent of poetry which has never been equaled by any of his contemporaries.

Mòrag was a common country girl, and, according to tradition, the poet's wife became jealous of her rival. The bard had talked of the marriage ties with the greatest contempt, and regretted that he was fettered with the bonds of wedlock. This raised a storm, and the bard sacrificed the mistress to appease the wife, and composed his Mì-mholadh. Here is an instance of his disregard to truth and common decency, as well as of moral and poetical justice. As the praise was exaggerated and extravagant, the censure was cruel, unmanly, scurrilous, and undeserved. He first raises the object of his admiration to the skies, with the most hyperbolical praises — and then, without any provocation, he suddenly wheels round and overwhelms his goddess with the most slanderous, foul-mouthed, and unfeeling abuse.

Allt an t-Siùcair: Is an animated and faithful description of a beautiful scene in the country, on a summer morning. The bard walks abroad and sees the dew glittering on every leaf and flower — the birds warbling their songs, the animals grazing, and the bees collecting their stores — the fishes are leaping out of the water, and all nature rejoicing in the return of Spring, or the luxuriance of Summer. The very rivulet seems to partake of the common joy, and murmurs a more agreeable sound — the cows low aloud, and the calves answer responsive; while the dairy-maid is busily engaged at her task. The ground is bespangled with flowers of richer hues than the most costly gems — the horses gather together in groups to drink of the pure streamlet, and the kids are dancing and sporting about its banks. The ships, with all their white sails bent to the gentle breeze, are passing slowly along the Sound of Mull. The poet selects the most natural, lively, and agreeable images in the rural scene. The writer of this is not acquainted with any pastoral or descriptive poem, either in Gaelic or English, fit to be compared with this exquisite production.

His poem on Summer is somewhat similar to the last, although it is not composed with the same simplicity and good taste. He uses a redundancy of adjectives, epithets, and alliterations; with more pedantry than becomes pastoral poetry. But with all its faults the poem contains many beautiful passages: the address to the primrose is peculiarly elegant and happy, the description of the loves of the grouse is also very good, and the address to the black cock is lively and graphic, though it ends with an unlucky and far-fetched conceit.

The song in praise of Mòrag (page 28) has always been highly popular; and it is certainly the most spirited and elegant of all our Jacobite songs. Charles is represented under the similitude of Mòrag, a young girl, with flowing locks of yellow hair waving on her shoulders. She had gone away over the seas, and the bard invokes her to return, with a party of maidens, (i.e. soldiers,) to dress the red cloth; in other words, to beat the English red-coats. The allegory is kept up with elegance and spirit, and the poet introduces himself as one who had followed Mòrag in lands, known and unknown, and was still ready to follow her over the world if required.

Shiubhail mi cian leat air m' eòlas,
Agus spailp den stròic air m' aineol.

Gun leanainn thu feadh an t-saoghail,
Ach thus', a ghaoil, theachd am fharraid.

The address to the Highland clans is a stately spirit-stirring martial poem, wherein the bard describes the various Jacobite clans coming forward in warlike array, to place Charles on the throne, and leave the Hanoverians under his feet.

The Satirist represents our author as travelling through the country to excite the Highlanders to arms; and it is probable that the song at page 169, was composed on that occasion. It was well calculated to rouse the warlike clans to the approaching conflict.

The elegy on the death of a pigeon, is one of the best of his smaller pieces, although it contains more of sparkling conceit, than tenderness or pathos. It is probable that this was composed before he became a member of the Church of Rome, as he says the dove never repeated pater noster, or creed.

We come now to the most objectionable of his works — the Satires; and here, it must be admitted, that he does not appear to the same advantage as in the other departments of poetry. He attacks people with little or no provocation, and pours forth torrents of the most scurrilous, filthy, and indecent abuse. If these pieces were not illuminated with frequent and splendid passages of poetry, they deserved to be buried in oblivion. It must be admitted that he lived in a rude age, when the decencies of life were little regarded. In his age, a song was composed by a lady of the family of Keppoch, in answer to a very indecent but clever song, called *An Obair Nodha*. The poetess says that her ears were stunned with the sound of men's voices singing this song; and, in her answer to it, she gives excellent advices to the young women to avoid unlawful pleasures. Songs of this description could not even be alluded to by a lady of the present day.

Several persons having expressed a wish to obtain the works of Macdonald complete. To supply this demand, a small impression of the supplement has been printed, with this brief and imperfect account of the author and his works.

The first part of the book was printed from the coarse and inaccurate edition of 1802; and, though considerably improved, it contains a number of errors. The Supplement has been printed from the original edition of 1751. This earliest of our Gaelic Song books could not be very accurate, and several passages and words which appeared obscure or doubtful, have been left in their original state. As the very incorrect state of the text in the old editions, rendered the book almost unintelligible to many readers, it is hoped that the present edition will render the author's works more agreeable and easy to the lovers of Gaelic poetry. Two poems which commonly ap-

peared in the old editions, the one on Old Age, and the other on
the merits and demerits of Whisky, are ascribed to John MacCod-
rum, a contemporary bard, whose works deserve to be collected
and published by themselves. These two have great merit, but they
have been omitted here. They are to be found in the collections pub-
lished by Ronald Macdonald, and Alex. & Donald Stewart.

Ro-Rád Cionntad na bliadna 1891

Alexander MacDonald, the Author of the following Poems, is bet-
ter known among his countrymen by the name of "Mac Mhaigh-
stir Alastair." His father, the Rev. Alexander MacDonald, was parish
minister of Ardnamurchan before the Revolution, but was deposed
in 1697 for Nonjurancy. He has been described as "a man of can-
dour, ingenuity, and conscience and tradition reports him as a man
of great bodily strength. After his deposition, he continued his min-
istrations in the district of Ardnamurchan and Moidart, in connec-
tion with the Episcopal Church, till his death.

The Poet was born somewhere about the year 1700. He was the sec-
ond son of a large family of sons and daughters. Very little of his ear-
ly, or indeed of his later life, is known to us. His father meant him
for the Church; his Chief, it is reported, preferred that he should
be educated for the bar. He attended the University of Glasgow, of
which his father was a graduate, for a few sessions. We do not know
when or why his university career was cut short, or what academi-
cal success attended it; but his poems bespeak familiarity with the
ancient classics. He married (at an early age, it is said) Jane Mac-
Donald, of the family of Dail an Eas, in Glenetive. Shortly afterwards
we find him in his native parish teaching one of the schools support-
ed by the Society for Propagating Christian Knowledge, from which
he was in time promoted to the parish school of Ardnamurchan. He
was at that time, it is said, an elder of the Kirk. He must have been
a member of the Church of Scotland before he could have held the
office of teacher of a Society or parish school. When the Highland
chiefs rose to support by the sword the cause of Charles Stuart in
1745, the Poet joined the army under the younger Clanranald of the
day. He received a commission; and was regarded a valuable adher-
ent to the Stuart cause, not only as an energetic officer, but as a poet
who was both able and willing to arouse enthusiasm in behalf of the
cause, and to stimulate the energies of those who had given up their

all to follow their prince. MacDonald shared fully in the disasters of that campaign. He lost everything he possessed. After the defeat of Culloden, he, like many others, managed to conceal himself from the fury of the conquerors amid the wilds of Arisaig and Moidart.

After the Indemnity Act was passed, he received from Clanranald the appointment of baillie or land-steward of the Island of Canna. How long he retained this appointment we know not; but we find him, about the year 1751, in Edinburgh, with the view to follow, it is said, the profession of teaching. This mission proved unsuccessful. One of his own songs relates his removal from "Eigneig" variously said to be in Kingerloch and Moidart, to Inveraoi in Knoydart. He afterwards returned to Arisaig, where he resided, according to the biographers, at a place called Sandaig, till his death. Mackenzie (Beauties of Gaelic Poetry) says that "he died at a good old age, and was gathered to his fathers, in Eilean Fionain, in Loch Sheil." Dr. Scott (Fast. Eccles. Scot), upon what authority we know not, states that he betook himself to the use of opium, and died in a lunatic asylum.

With the exception, perhaps, of Ewen MacLachlan of Aberdeen, MacDonald was the most learned of Gaelic Bards. His reputation as a scholar must have been early established, for we find the Presbytery of Mull recommending him to the Society for Propagating Christian Knowledge as a competent man to compile a Gaelic Vocabulary, which the Society desired to publish for the use of their schools. This work he under- took and successfully executed. It was the first attempt of the kind in the language, and was published in 1741. He published his own Poems in 1751, with the significant title, "Ais-eiridh na Sean Chanoin Albannaich." Dr Clerk, of Kilmallie, in his edition of Ossian, quotes from the preface to this edition of MacDonald's Poems interesting extracts, to prove that the Poet at that time contemplated the publication of a volume of ancient Gaelic Poetry. His Poems were several times re-published in Glasgow: first in 1764; again in 1802; in 1835; in 1839; and lastly in 1851.

MacDonald's volume of 1751 was the first volume of Gaelic poetry published. It is said that his published poems form but a small part of his metrical compositions. Many pieces of his were in the possession of his son Ranald, who published a few of them along with some poems of his own in 1776, but the greater number disappeared. Many others, again, are unfortunately unfit for publication.

MacDonald has hitherto held a foremost place among modern Highland bards. In his command of the vocables of the language, and especially of recondite words and phrases, he is certainly unapproached; but as a poet, the generality of readers demand, if not the chief, at least an equal place for Duncan Ban MacIntyre. The characteristics of MacDonald are fire, energy, and passion. Reid, in his 'Bibliotheca Scoto-Celtica,' gives a picture of the man, but from whence derived we know not. "In person," (he says) "MacDonald was large and ill-favoured. His features were coarse and irregular. His clothes were very sluggishly put on, and generally very dirty. His mouth was continually fringed with a stream of tobacco-juice, of which he chewed a very great quantity." This description seems to us a not inept representation of his mental and moral endowments. Large, strong, and powerful his mind was, beyond most, if not all, modern Gaelic poets; but its texture was coarse, and the filth and tobacco-juice appear frequently at the core, and not merely on the fringes. A restless fiery spirit, apt to become peevish and discontented, and with his moral nature sadly out of gear. Bred an Episcopalian, we find him at one time a Presbyterian and an elder, and shortly afterwards a Catholic. He can compose the beautiful and even tender though exaggerated 'Praise of Morag;' but, to appease his wife's jealousy, he is ready with his 'Dispraise,' in the foulest and most obscene language. A man who could write the preface to his edition of 1751, and compose 'Marbhrann na h-Aigeannaich' is surely a moral contradiction. He shows a large and sympathetic spirit towards the great past of his country's literature; but he must prostitute his mighty genius in order to denounce with the most scurrilous invective any individual, however insignificant and obscure, who will presume to cross his path.

In his martial songs MacDonald appears to best advantage. Here there is energy and strength, as in every line he wrote; and there is excuse for his passion. It is very characteristic of his reckless courage that he published these poems, breathing rebellion in every line, and pouring the full vial of his wrath upon the whole race of the Georges, five years after the battle of Culloden. Some of his pastoral pieces, more especially the 'Ode to Summer,' and the 'Sugar Brook,' have also been much and deservedly admired.

The permanent place of MacDonald in Gaelic literature will depend chiefly upon the poems printed in this volume. His Vocabulary of the Gaelic Language is all but forgotten. His enlightened idea of a collection of ancient Gaelic poetry was never executed. With the exception of a few immoral pieces, which it is but just to say he lived to regret, this volume contains all that now survives of his poetical works. Of these, the sea-piece, composed to the 'Bìrlinn' of Clanranald, is in many respects the most remarkable. Reid says of it, that "for subject matter, language, harmony, and strength, it is almost unequalled in any language." To us the 'Bìrlinn' always appeared as the most enduring monument of MacDonald's ability and strength. We could never picture the author of this poem except as a man of nerve and sinew and daring courage, whose delight it was to be in the thick of danger wherever he could meet with it, whether on land or on sea. Perhaps the energy and impetuosity of the man, combined with his command of the vocables of the language, may, in part at least, account for the very unfortunate habit he has of crowding his pages with descriptive epithets, seo that whole lines are often met with consisting merely of a number of adjectives, every one of which is supposed to represent some quality inherent in the subject which is being described. MacDonald displays great skill and talent in his choice and arrangement of expressive epithets, especially in the Bìrlinn, but his influence in this respect upon Gaelic poetry has been unfortunate. His imitators had neither his knowledge nor his genius; and in their hands descriptive poetry became too often unmeaning jargon. To those who wish to study modern Gaelic, and especially the wealth and expressiveness of its vocabulary, the poems of this gifted man, "with passions wild and strong," are among the most important works published in the Gaelic language.

Ro-ràd an Tionndaidh Ùir-sa

Rè nam bliadhnaichean, bu tric is minig a dh'iarr mi seann leabhar Gàidhlig a bhith agam ann an cruth beanailteach. A-null chun a' choimpiutair gun rachainn, feuch an toireadh an t-eadar-lìon greis faochaidh dhomh bhom shannt air litreachas nan Gàidheal. Air a' char a b' fhortanaiche, lorgainn na bha mi ag iarraidh ann an cruth mac-samhla — air ro-bheag càileachd — a rinneadh gu fèin-obrachail le companaidh mòr air choreigin. Cha b' ann ainneamh nach fhaighinn rud beanailteach sam bith. Agus chan fhada a dh'fhuilingeas sùilean daonnda sgrìn gheur nan tasglannan didseatach.

Mar sin bha mi a' faicinn gun robh rudeigin far na meidhe eadar luach nan leabhraichean seo agus an riasladh a b' fheudar fhulang airson làmh fhaighinn orra. Mas fhìor a thaobh na h-eachdraidh nach urrainn cùrsa dòigheil a dhealbhadh don àm ri teachd gun tuigse cheart air an àm a dh'fhalbh, tha sin a cheart cho fìor a thaobh litreachais. Is e tha fad chomhair an seo, a leughadair chòir, ach a' mheanbh-oidhirp agam fhèin air a' bheàrn ud a lìonadh agus air cùisean a chur air mheidh a-rithist.

Càit an d' fhuair mi de dhànachd a dhèanamh, is ann aig Dia tha brath. Chan eòlaiche mi ann an Ceiltis no ann an Gàidhlig; cha mhotha bha sìon a dh'fhios no dh'eòlas agam air clò-shuidheachadh mus do chuir mi romham an leabhar seo a chur ri chèile. Ach cha robh coltas gun tigeadh piseach air an t-suidheachadh air a cheann fhèin. Uime sin tha mi an dòchas gum math thu dhomh mearachd sam bith a tha air a fàgail an lùib nan duilleagan seo — is cinnteach gu bheil mòran dhiubh ann. Is ann ormsa tha a' choire. Ach rinn mi mo dhìcheall.

Feadh nan dàn uile, rinn mi ùrachadh air an litreachadh far an cuireadh sin an soilleireachd iad. Far an do thachair litreachadh rium a bha neo-àbhaisteach ach riatanach airson an fhuaimneachaidh no a' chomhardaidh, dh'fhàg mi e gun a bhuaireadh. Far an do thachair facal rium nach do thuig mi idir is air nach fhaighinn luaidh sna faclairean, rinn mi mar an ceudna. Eadar a bhith a' toirt sùil air ciad tionndadh *Aiseirigh* agus a bhith a' sgrùdadh an làmh-sgrìobhainn, lìon mi na beàrnan a dh'fhàg caisgireachd nam Bhioctorianach an saothair Alastair mar a b' fheàrr a b' urrainn dhomh.

Air a gràdhachd is air a gràinealachd, gum meal thu a chuid obrach.

Sgàire
Siorramachd Ghrèidh, 8 Lùnastal 2020

Clàr-innse

Ro-ràdh a' Chiad Tionndaidh, 1751	vi
Ro-ràdh Tionndadh na bliadhna 1839	viii
Ro-ràdh Tionndadh na bliadhna 1891	xiv
Ro-ràdh an Tionndaidh Ùir-sa	xviii
Aiseirigh na Seann Chànain Albannaich	22
Guidhe no Ùrnaigh an Ùghdair don Cheòlraidh	26
Moladh Mòraig	28
Mì-mholadh Mòraig	37
Òran an t-Samhraidh	43
Òran a' Gheamhraidh	47
Òran nam Fineachan Gàidhealach	51
Brosnachadh nam Fineachan Gàidhealach sa bhliadhna 1745	56
Moladh air Pìob Mhòir MhicCruimein	60
Òran Rìoghail a' Bhotail	66
Allt an t-Siùcair	70
Òran Da Chèile	77
Mòrag	80
Òran do Mhac Shimidh	84
Òran do Raghnall Òg Mac Mhic Ailein	88
Òran mu Bhliadhna Teàrlaich	92
Òran nam Bodach	96
Dealachadh a' Phrionnsa 's nan Gàidheal	103
Am Breacan Uallach	106
Teàrlach Mac Sheumais	110
Mo Bhobag an Dram	116
Marbhrann do Pheata Colmain	118
Marbhrann na h-Aigeannaich	120
Moladh air Deagh Bhò	123
Tinneas na h-Urchaid	124
Marbhrann Rìgh Teàrlach le Montròs	125
Ùrnaigh Mhontròis an Oidhche Ro Bhàs	126
Uirsgeall Mhontròis air Beulaibh na Pàrlamaid	127
An Àirc	128

Moladh a' Caimbeulaich Duibh	141
Smeòrach Clann Raghnaill	145
Deoch-Slàinte Teàrlaic	150
Òran don Phrionnsa	152
Òran eile don Phrionnsa	153
Imrich Alastair à Eigneig	155
Aoir a' Chnocain	158
Fàilte na Mòr-tìr	160
Màiri Shùgaideach	164
Cuachag an Fhàsaich	165
Òran Ailein	168
Rannan eadar am Bàrd agus an t-Àireach Muileach	169
Dìomoladh Cabar Fèidh	172
Moladh an Leòmhainn	180
Iorram	186
Bìrlinn Clann Raghnaill	189
Òran don Bhana-bhàrd nig'n an Nòtair	204
Nach goirid on a ghabh sinn air	206
Clò MhicIlleMhìcheil	209
An t-Aodach bòidheach bòstail dreachmhor	211
Siud i Chulaidh 's cha b' i 'n ulaidh	213
'S eutrom uallach mear	214
Coma mura tig tu idir	217
Ò togamaid oirnn tar uisge 's tar tuinn	218
Na h-abair, na h-abair	219
Ò gun tigeadh	225
'S ball beag mì-riaghailteach, lag, làidir	231
Gu dè tug dhut, a bhracaid shalach	236
Bha Seumas Caimbeul san àm	238
Tha Clannach ainmeil	242
Och, 's och, och mi fèin	249

NA H-ÒRAIN

Aiseiriġ na Seann Ċànain Albannaiċ

Moladh an ùghdair don t-seann chànain Ghàidhealaich.

Gur h-i 's crìoch àraid
Do gach cainnt fon ghrèin,
Ar smuainte fàsmhor
A phàirteachadh ri chèil';
Ar n-inntinnean a rùsgadh,
Agus rùn ar crìdh'—
Ler gnìomh 's ler giùlan,
Sùrd chur air ar dìth,
'S gu laoidh ar beòil
A dh'ìobradh Dhia nan dùl—
'S i h-àrd-chrìoch mhòr,
A bhith toirt dòsan cliù.
'S e 'n duine fèin,
'S aon chreutair reusant' ann,
Gun tug toil Dè dha,
Gibht le bheul bhith cainnt:
Gun chùm e seo
Bhon uile bhrùid gu lèir—
Ò ghibht mhòr phrìseil-s',
Dheilbh na ìomhaigh fèin!
Nam beirte balbh e,
'S a theanga marbh na cheann,
B' i 'n iargain shearbh i,
B' fheàrr bhith marbh na ann.

'S ge h-iomadh cànain,
O linn Bhàbeil fhuair
An sliochd sin Àdhaimh,
'S i Ghàidhlig a thug buaidh.
Don labhradh dhàicheil,
An t-urram àrd gun tuairms'—
Gun mheang, gun fhàillinn,
Is urra càch a luaidh.
Bha Ghàidhlig ullamh,
Na glòir fìor-ghuineach, cruaidh,
Air feadh a' chruinne
Mun thuilich an Tuil Ruadh.
Mhair i fòs,

'S cha tèid a glòir air chall,
Dh'aindeoin gò,
Is mì-rùn mòr nan Gall.
'S i labhair Alba,
'S gall-bhodacha fèin,
Ar flaith, ar prionnsaidh,
'S ar diùcanna gun èis.
An taigh-comhairl' an rìgh,
Nuair shuidheadh air beinn a' chùirt,
'S i Ghàidhlig lìomha
Dh'fhuasgladh snaidhm gach cùis'.
'S i labhair Calum
Allail a' chinn mhòir—
Gach mith is math,
Bha 'n Alba, beag is mòr.

'S i labhair Goill is Gàidheil,
Neo-chlèirich is clèir—
Gach fear is bean,
A ghluaiseadh teanga 'm beul.
'S i labhair Àdhamh,
Ann am Pàrras fèin,
'S bu shiùbhlach Gàidhlig
O bheul àlainn Eubh'!
Och tha bhuil ann,
'S uireasbhach gann fo dhìth,
Glòir gach teanga
A labhras cainnt seach i.
Tha 'n Laideann coileant',
Torrach, teann nas leòr;
Ach 's sgalag thràilleil
I don Ghàidhlig chòir.
'S an Athen mhòir,
Bha Ghreugais còrr na tìm,
Ach b' ion di h-òrdag
Chur fo h-òr-chrios grinn.
'S ge mìn, slìom, bòidheach,
Cùirteil, ro-bhog, lìomh',
An Fhraingis loghmhor,
Am paileas mòr gach rìgh;
Ma thagras càch oirr',
Pàirt dan ainbhiach fèin,

'S ro bheag a dh'fhàgas
Iad de dh'àgh na crè.

'S i 'n aon chànain
Am beul nam bàrd 's nan èisg,
As fhèarr gu càineadh,
O linn Bhàbeil fèin.
'S i 's fhèarr gu moladh,
'S as torrannaiche gleus
Gu rann no laoidh,
A tharraing gaoth thro bheul.
'S i 's fhèarr gu comhairl',
'S gu gnothach chur gu feum,
Na aon teang' Eòrpach,
Dh'aindeoin bòst nan Greug,
'S i 's fhèarr gu rosg,
'S air chosaibh a chur duain;
'S ri cruaidh-uchd cosgair,
Bhrosnachadh an t-sluaigh.
Mu choinneimh bàr,
'S i 's tàbhachdaich' bheir buaidh,
Gu toirt a' bhàis
Don eucoir dhàicheil, chruaidh.
Cainnt làidir, ruithteach,
Is neo-liotach fuaim;
'S i seaghail, sliochdmhor,
Briosg-ghlòrach, mall, luath.
Chan fheum i iasad,
'S cha mhò dh'iarras uath';
On t-seann mhàthair chiatach,
Làn de chiadaibh buaidh!
Tha i fèin daonnan
Saidhbhir, maoineach, slàn;
A taighean-taisge,
Dh'fhaclaibh gasta làn.
A' chànain sgapach,
Thapaidh, bhlasta, ghrinn!
Thig le tartar
Neartmhor, à beul cinn.
An labhairt shìolmhor,
Lìonmhor, 's mìlteach buaidh!
Shultmhor, bhrìoghmhor,

Fhìorghlan, chaoidh nach truaill!
B' i 'n teanga mhilis,
Bhinn-fhaclach san dàn;
Gu spreigeil, tioram,
Ioraltach, 's i làn.
A' chànain cheòlmhor,
Shòghmhor, 's glòrmhor blas,
A labhair mòr-shliochd
Scòta, is Ghàidheil Ghlais.
'S a rèir Mhic Comb,[1]
An t-ùghdar mòr ri luaidh,
'S i 's freumhach òir,
'S ciad ghràmar glòir gach sluaigh.

Corp an aire: tá na nòtaicean-coise air an tarraing à tionndadh na bliadhna 1891.

1   David Malcom, D.D., Ministear ann an Duddingston, a chaochail 7 Sheanran 1748.

Guidhe no Ùrnaigh an Ùghdair don Cheòlraidh

A Cheòlraidh mhòr tha 'n tàmh gu h-àrd,
Seallaibh a-nìos;
Nach cluinn sibh ur daltan air làr,
Ag atach a chìos?
E lùthadh a ghlùn ris a' phàirc,
'S a shùilean a-suas,
'G aslachadh uireasan bàird,
Gun chàird a-nuas.
Laoidh a bheòil le cridhe tìom
Gan ìobairt gu cruaidh:
Freastlaibh don altair san tìm;
Dìolaibh dha duais.
A naoineir, inghinn' Iupiter àird
'S Mhenemhosene chaoimh';
Sèidibh m' aigneadh lur pìobanaibh àigh,
'S deilbheam meadrachd nach claon.
A Chlio mhaiseach, thaobh barrachd d' aois',
'S do bhreith ro chàch,
Chan iarram ded bhuadhan-s' ach braon,
'S bidh m' athchuinge pàight'.
Urania, tilg chugam ded stòr,
Na dh'fhosglas mo bheul;
Sgaoil mo ghlasan led iuchraichean òir,
Taisbein do dhèirc.
Chaliope, a reul-iùil nan duan,
Rèitich mo shnaidhm,
'S cuir facail thaghte gheur chruaidh,
Gu luath nam chuim.
Euterpe, a bheairteis nan rann,
An amlaidh ghrinn,
Locair gu snasta gach siolladh dem chainnt,
M' fhaobhar 's mo rinn.
Erato, a chiste na maoin',
Fileanta deas, gleus mo mheomhair,
'S thoir dhomh ded thaisg,
Na dh'fhòghnas treis.
A Mhelpomene, air m' uireasbhaidh fòir,
Às d' ulaidh làn maoin';
On dh'fhòghnas leam pàirt den th' agad de chòrr,

Cha bhi m' athchuingean daor.
A Therpsichore, a mhuime nan duan,
'S pàirt de chuilidh na frìth',
Cuir *crambos* taitneach am chluais,
Am bi cruas agus brìgh.
A Pholihimnia 's geal-chraicneach cruth,
Ge tu 's òige san t-sreath,
Do chomaradh milis fileant' seach stuth,
Siream gu sèimh.
A Thalia, led ola ro thlàth,
Suath rothan mo ghlèis;
Leig siubhal is gluasad led fhaobhar 's led àgh,
Gu labhairt dom bheul.
Apollo, tha m' inntinn cho rag
Ri speilg de chreig;
Fàg-s' i gun dàil, so-lùbte mar ghad
Coineallach bog.
A Mhinerbha, oide nan sgol,
'S a chèidse nam fil,
Cuir aon dusan facal am char,
'S tuilleadh cha sir.
Na tugaibh dhomh saothair nì glagan sa chluais,
'S de thuigse bhios fàs
Mar chaoch-chnuasaich chruinn a nì fuaim,
Gun eitean na làr.
Gabhaidh sib' fèin, ge h-àrd ur staid,
Ri ìobairtean beag;
Nochdaidh mise mo chomas ge lag,
'S eucoir mur creid.
Tha spèirid mo chomais cumhang nas leòr,
Ge farsaing mo mhiann,
Gu balla thogail air stèidh cho-mhòr,
'S clach shnaidhte dem dhìth.
Cainnt shnasta dem dhìth, ge stracte mo thoil,
Tha mi falamh de sgil;
'S nì gun susbaint ealain gun sgoil
Air suibseig mar mhil,
Gur h-aimhgheur mo pheann,
'S neo-sgaiteach mo bhil',
Mo cheann cha mhol;
Mo phàipear is m' inc tha iad làn de chron,
'S uireasbhaidh sin.

MOLADH MÒRAIG

Air fonn Pìobaireachd.

Ùrlar
'S truagh gun mi sa choill,
Nuair bha Mòrag ann:
Thilgeamaid na croinn
Cò bu bhòidhch' againn;
Inghean a' chùil duinn,
Air a bheil an loinn,
Bhiomaid air ar broinn
Feadh nan ròsanan;
Bhreugamaid sinn fhìn,
Mireag air ar blìon,
A' buain shòbhrach mìn-bhuidh'
Nan còsagan:
Theannamaid ri strì,
'S thadhlamaid san fhrìth,
'S chailleamaid sinn fhìn
Feadh nan srònagan.

Ùrlar
Sùil mar ghorm-dhearc driùchd
Ann an ceò-mhadainn;
Deirg' is gile nad ghnùis
Mar bhlàth òrsaidean.
Shuas cho mìn ri plùr;
Shìos garbh mo chulaidh-chiùil;
Grian na planaid cùrs',
Am measg òigheannan;
Reulta glan gun smùr
Measg nan rionnag-iùil;
Sgàthan-mais' air flùr
Na bòidhcheid thu;
Àilleagan glan ùr,
A dhallas ruisg gun cùl—
Mas ann de chriadhaich thù,
'S adhbhar mòr-iongnaidh!

Ùrlar
On thàinig gnè de thùr
Om aois òige dhomh,

Nìor facas creutair dhiubh,
Bu cho glòrmhoire;
Bha Maili, 's dearbha caoin,
'S a gruaidh air dhreach nan caor;
Ach caochlaideach mar ghaoith,
'S i ro òranach.
Bha Peigi fad an aois,
Mur bhith sin b' i mo ghaol.
Bha Marsaili fìor-aotrom,
Làn neònachais.
Bha Lilidh a' taitneadh rium,
Mur bhith a ruisg bhith fionn
Ach cha bu shàth bùirn-ionnlaid,
Don Mhòraig-s' iad.

Siubhal
Ò 's coma leam, 's coma leam
Uile iad ach Mòrag;
Rìbhinn dheas chulach,
Gun uireasbhaidh foghlaim;
Chan fhaighear a tionnail,
Air mhaise no bhunailt,
No 'm beusaibh neo-chumanta,
Am Muile no 'n Leòdhas.
Gu geamnaidh deas furanach,
Duineil gun mhòrchuis;
Air thagha na cumachd,
O mullach gu brògaibh;
A neul tha neo-churaidh,
'S a h-aigneadh ro lurach;
Gu brìodalach cuireideach,
Urramach seòlta.

Siubhal
Ò guileagag, guileagag,
Guileagag Mòrag;
Aice tha chulaidh
Gu cuireadh nan òigear.
B' e 'n t-aighear 's an sulas,
Bhith sìnte riut, ulaidh,
Seach daonnan bhith fuireach
Ri munaran pòsaidh.

Gam phianadh, 's gam ruagadh,
Le buaireadh na feòla;
Le aislingean connain
Na colna gam leònadh;
Nuair chithinn mum choinneimh,
A cìochan le coinneil,
Thèid m' aigneadh air bhoilich,
'S na theine dearg sòlais.

Siubhal
Faireagan, faireagan,
Faireagan Mòrag!
Aice a ta chroiteag
Is taighte san Eòrpa;
A cìochan geal criostail,
Nam faiceadh tu stòit' iad,
Gun tàirneadh gu beag-nàir',
Ceann-eaglais na Ròimhe.
Air bhuige 's air ghile,
Mar lilidh nan lònan;
Nuair dhèanadh tu 'n dinneadh
Gun cinneadh tu deònach;
An deirgead, an grinnead,
Am mìnead, 's an tinnead;
Gum b' àsaing chur spionnaidh,
Is spioraid am feòil iad.

Ùrlar
Thogamaid ar fonn,
Anns an òg-mhadainn;
'S Phèbus dath nan tonn,
Air fiamh òrainnsean;
For cèill cha bhiodh conn,
Air sgàth dhoire 's thom,
Sinn air dàireadh trom
Ler cuid gòraileis;
Dìreach mar gum biodh
Maoiseach 's boc am frìth,
Crom-ruaig a chèile dian
Timcheall òganan:
Chailleamaid ar clì
A' gàireachdaich leinn fhìn,

Le bras-mhacnas dian sin
Na h-ògalachd.

Siubhal
Ò dastram, dastram,
Dastram Mòrag!
Rìbhinn bhuidh' bhastalach,
Leac-ruiteach ròsach;
A gruaidhean air lasadh,
Mar lasair-chlach dhathte,
'S a deud mar an sneachda,
Cruinn-shnaidhte 'n dlùth-òrdugh.
Ri Vènus cho tlachdmhor,
An taitneachdainn fheòlmhoir;
Ri Dido cho maiseach,
Cho snasmhor 's cho còrr rith';
'S e thionnsgain dhomh caitheamh,
'S a lùghdaich mo rathan,
A' bhallag ghrinn laghach,
Chuir na gathan-sa 'm fheòil-sa.

Siubhal
'S mur bithinn fo ghlasaibh,
Cruaidh-phaisgte le pòsadh,
Dh'ìobrainn cridhe mo phearsan,
Air an altair seo Mòraig;
Gun liùbhrainn gun airteal,
Aig stòlaibh a cas e,
'S mur gabhadh i tlachd dhìom,
Cha b' fhad' an sin beò mi.
Ò 'n urram, an urram,
An urram, do Mhòraig!
Cha mhòr nach do chuir i
M' fhuil uil' às a h-òrdugh;
Gun d' rug oirre ceum-tuislidh,
Fo imeachd mo chuislean,
Le teas is le murtachd,
O mhoch-thràth Didòmhnaich.

Siubhal
'S tu reulta nan cailin,
Làn lainnir gun cheò ort;
Fìor-chòmhnard gun charraid,

Gun arral gun bheòlam:
Cho mìn ri clòimh eala,
'S cho geal ris a' ghaillinn,
Do sheang-shlios sèimh fallain,
Thug barrachd air mòran;
'S tu ban-rìgh nan ainnir—
Cha sgallais an còmhradh;
Àrd foinnidh nad ghallan,
Gun bhallart gun mhòrchuis;
Tha thu coileant' ad bhallaibh,
Gu h-innsgineach ealamh,
Caoin meachaire farast',
Gun fharam gun ròpal.

Ùrlar
B' fhèarr gum bithinn sgaoilt'
às na còrdaibh-sa;
Thug mi tuilleadh gaoil,
Is bu chòir dhomh dhut.
Ged thig fo dhuine taom
Gu droch-ghnìomh bhios claon,
Cuireadh e cruaidh-shnaidhm
Air on ghòraich sin—
Ach thug i seo mo chiall
Uile uam gu trian,
Chan fhaca mi riamh
Tionnail Mòraig-s'.
Ghoid i uam mo chrìdh',
'S shlad i uam mo chlì,
'S cuiridh i sa chill
Fo na fòdaibh mi.

Siubhal
Mo cheist agus m' ulaidh,
Den chunnairc mi 'd sheòrs' thu
Led bhroilleach geal-thuraid
Nam mullaichean bòidheach.
Chan fhaigh mi de dh'fhuras,
Na nì mionaid uat fuireach,
Ged tha buarach na dunach,
Gam chumail od phòsadh.
Do bheul mar an t-sirist,

'S e milis ri phògadh;
Cho dearg ri bhermílion
Mar bhileagan ròsan.
Gun d' rinn thu mo mhilleadh
Led Chupid gam bhioradh,
'S led shaighdean caol biorach,
Rinn ciorram fom chòta.

Siubhal
Tha mi làn mulaid,
On chunnaic mi Mòrag;
Cho trom ri cloch-mhuilinn
Air lunnaibh ga seòladh:
Mac-samhailt na cruinneig,
Chan eil anns a' chruinnidh—
Mo chrìdh' air a ghuin leat,
On chunnaic mi d' òr-chùl,
Na shlamagan bachallach,
Casarlach còrnach;
Gu fàinneagach cleachdagach,
Dreach-lùbach glòrmhor;
Na reultagan cearclach,
Mar usgraichean dreachmhor,
Le fùdar san fhasan,
Grian-lasta, ciabh òr-bhuidh.

Siubhal
Do shlios mar an canach,
Mar chaineal do phògan;
Ri phènix cho ainneamh,
'S glan lainnir do chòta:
Gu mùirneanach banail,
Gun àrdan gun stannart,
'S i còrr ann an ceanal,
Gun ainnis gun fhòtas.
Nam faicteadh mo leannan
Sa mhath-shluagh Didòmhnaich,
B' i coltas an aingil,
Na h-earradh 's na còmhradh:
A pearsa gun talach,
Air a gibhtean tha barrachd—
An Tì dh'fhàg thu gun aineamh,
Rinn de thalamh rud bòidheach.

Ùrlar
Tha 'n saoghal làn de smaointinnean feòlmhor;
Mamon bidh gar claonadh
Le ghòisnichean;
A' cholainn bheir oirnn gaol
Ghabhail gu ro fhaoin
Air strìopachas, air craos,
Agus stròdhalachd;
Ach cha do chreid mi riamh,
Gun do sheas air sliabh,
Aon tè bha cho ciatach
Ri Mòraig seo:
A subhailcean 's a ciall,
Mar gum b' eadh ban-dia—
Leagh i 'n crìdh' am chliabh
Le cuid òrthachan.

Siubhal
Ur comhairle na ceilibh orm,
Ciod eile their no nì mi
Mun rìbhinn bu tearc ceilearadh,
A sheinneadh air an fhìdeig;
Chan fhaighear a leith'd eile seo
An tìr-mòr no 'n eileanaibh,
Cho iomlan is cho eireachdail
Cho teiridneach 's cho bìogail.
'S nì cinnteach gur nì deireasach,
Mur ceilear seo air Sìne—
Mi thuiteam an gaol leth-phàirteach
'S mo cheathramhnan dem dhìobhail.
Chan eil de bhùrn an Seile siud,
No shneachd an Cruachan eilideach,
Na bheir aon fhionnachd eiridneach,
Don teine t' ann am innsgin.

Siubhal
Nuair chuala mi ceòl leadanach
An fheadain a bh' aig Mòraig,
Rinn m' aigneadh dannsa beadarach,
'S e freagradh dha le sòlas:
Sèimh-ùrlar socair leadarra,
A puirt 's a meòir a' breabadaich;

B' e siud an oirfeid eagarra,
Don bheus na creaga mòra.
O chòin a feadan bailleagach,
Cruaidh sgailleagach glan ceòlmhor.
Nam binn-phort stuirteil trileanta,
Rèidh mion-dhìonach bog ro chaoin;
Am màrsal còmhnard stàideil sin,
'S e lùthmhor gràsmhor caismeachdach;
Fìor chrùnluth brisg spalparra,
Fo cliathludh bhras-chaoin spòrsail.

Siubhal
Chinn pròis is stuirt is spracalachd,
Am ghnùis nuair bheachdaich guamag
A' seinn an fheadain ioraltaich,
B' àrd iolach ann am chluasaibh:
A suain-cheòl sìthe mireanach,
Mear-stoirmeil pongail mionaideach,
Na b' fhoirmeile nach sireamaid,
Air mhiread, ri h-uchd tuasaid.
Ò 'm buille-meòir bu lomarra
Gu pronnadh a' phuirt uaibhrich!
'S na h-uilt bu lùthmhor cromaidhean
Air thollaibh a' chruinn bhuadhaich!
Gun slaod-mheòirich gun ronnaireachd,
Brisg tioram socair collaideach,
Geal-lùdag nan geàrr-chollainnean,
Nan crap-lùth loinneil guanach!

Ùrlar
Chaisgeamaid ar n-ìot'
Le glainn' fhìon an sin;
'S bhuaileamaid gu dian
Air glòir shìobhalta;
Tuilleadh cha bhiodh ann,
Gus an tigeadh àm
A bhith cluich air dam
Air na tìthean sin.
Dh'òlamaid ar dram,
Dh'fhògradh uainn gun taing,
Gach nì chuireadh maill'
Air bhith mìog-chùiseach.

Maighdeann nan ciabh fann,
Snìomhanach nan clann;
Mala chaol dhonn cham,
Channach fhìnealta.

An Crùnluth
Mo cheann tha làn de sheilleanaibh,
Bhon dheilich mi rid bhrìodal.
Mo shròn tha stopte a dh'eileabor,
Na deil le teine dìombais;
Mo shùilean tha cho deireasach
'S nach faic mi gnè gun teileasgop—
Ged bhiodh meudachd beinneadh ann,
'S ann theirinn gura frìd e.
Dh'fhalbh mo cheudfaith corporra,
Gu docharach le bruadar,
Nuair shaoil mi fortan thorchairt domh,
'S mi 'm thorraichim air mo chluasaig,
Air dùsgadh às a' chaithream sin,
Cha d' fhuair mi ach ion-faileis deth,
An ionad na maoin bearraidich
A mheal mi gu seachd uairean.

Ach, ciod thug mi gu glan-fhaireachadh,
Ach carachadh rinn cluanag:
'S cò seo, o thùs, bu Mhòrag ann,
Ach Sìne an òr-fhuilt chuachaich;
Nuair thùr i gun do lagaich mi,
'S gum feumainn rag chur stalcaidh ann,
Gun d' rinn i draoidheachd-chadail domh,
Rinn cruaidh fìor-rag dem luaidhe.
Bha chleasachd-sa cho fìnealta,
'S cho innleachdach mun cuairt di,
Nach faodainn fhìn thaobh sìobhaltachd,
Gun dligheadh crìon thoirt uam dhi;
Gun thionndaidh mi gu h-òrdail rith';
'S gun shaoil mi gum b' i Mòrag i;
Gun d' aisig mi na pògan di,
'S cha robh da còir dad uaithe.

MÌ-MHOLADH MÒRAIG

Air fonn an cheudna.

A Mhùideartaich dhuibh dhàna,
Nan geur-fhocal;
Sguir ded bhùrt 's ded thul-mhagadh
Pleideasach:
Tàmh ded sgeig dhìom tràth,
No ruigeam Ailean Bàrd[2]
'S gach filidh gu bheil càs
An Dùn Èideann dìom;
Bheir iad ort gun sgàin,
'S gum fail thu uil' od chnàimh,
Nad mhaol-lobhran grànna,
Maol dèistinneach;
Sin an duais a tà
Agadsa nad ghràdh,
'S nad mholadh magail bà,
A bhalaich bheul-fharsaing.

Ùrlar
'S math gun bhith sa choill,
Nuair bha Mòrag ann;
A bhan-pheacach sin gun loinn,
Làn de dh'fhòtas innt';
An dubh-fhaclach gun sgoinn,
'S a subhailcean air foill;
A caoin 's a h-ascaoin roinnt',
Làn de ghòisnichean:
Ma ghabhar i mar chì,
Tha sgiamh a-muigh glè lìomh;
Ach fo sin tha mìltean
De dhò-bheartan.
'S co lìonmhor car na crìdh',
'S fear tha air a tì,
'S mìn-mhachraichean na rìoghachd
De nòineanaibh.

Ùrlar
'S iomadh craobh sa choill,
<u>Tha fìor-lòineagach;</u>

2 *Allan Ramsay*

Blàth is cairt a croinn
Gu fìor-shò-ghràdhach;
Ach geàrr i sìos gun mhoill,
'S fiach i às a broinn,
'S gheibh thu fiaclan-goibhr',
Agus còsan innt':
Cha dèan saor gu bràth,
Feum da bun no bàrr;
Fiùbhaidh chrìon gun stàth,
B' i an t-olc bòidheach i.
Leagar i gun dàil,
Spealtar i air blàr,
'S loisgear i gum fàs i
Na beò-ghrìosaich.

Ùrlar
Shaoil mi gum bu mhaighdeann
A' Mhòrag-sa,
An sìrean-sa rinn m' fhoill
Anns na sròngan:
An tè-sa bha na traoidht
Ri mìle fear mun d' rinn
Mise sa cheart oidhch' ud
Dad còmhraidh rith';
B' iad rionnagan an àigh,
Fon d' rugadh mise blàth,
Nach deachas fad air ràidean
Na feòla leath':
'S mìlteach fear a chaidh
Ge nach d' fhuair iad pàist;
Feur cha chinn gu bràth
Air na mòr-ràidean.

Siubhal
An apa gheàrr bheag-nàrach,
Fhreagarrach leòmach;
Bharracaideach dhreigiseach,
Leisgeulach dhòlach;
Anntlachdmhor sgeigiseach,
Champarach sheasg-chorpach,
Shanntach air fleasgaichean,
Bheud-fhaclach ghòdach.
Tuairneag ghorm bhalltartach,

Stannartach ròiceach,
Bhriosg-ghlòrach anartach,
Ghangaideach leòcach;
Ro uasal na barail
'S gun innt' ach fìor chaileag
'S toir a breatha fìor-shalach,
O fhaillean an òtraich.

Siubhal
Cruinn-aodann a' mhuncaidh,
Air crùbadh ri chèile;
A sùilean air lasadh
Mar laiseadh nan èibhlean,
Làn caileadair prabach,
Gun mhala gun rasg orr';
'S a h-ùrla làn chlaisean,
Gu caisreagach fèitheach.
Craiceann a cìobhaill
Air a ruith gu h-èideach.
Mar laoighdean air còmhlaidh
Fìor-neònach a speuthar:
A ceann'aidh uile neo-thaitneach
Làn de mhì-loinn, mì-thlachdmhor,
'S a h-anail air malcadh
Le brachan a deudaich.

Siubhal
Brù thana mar dhruma,
Neo-chulach air sèideadh;
Cho cruaidh ris an unga,
Gun chumachd air brèine:
A dà chiar-sporan fhalamh,
Mar chochaill dà mharaig
Airson chìoch aig an arrachd
Siorsain-galair dan teumadh.
Corp uinnsinn gun soltachd
Mar gun locradh tu dèile;
Cho tioram ri closaich;
No seann osnach air sgreubhadh;
'S bidh rùbail is rocail,
Mu dhoire na h-oiteig,
Le iomghaoth nan cnocan
Mu bhotaibh na cèire.

Ùrlar

Ciod seo chuir am cheann
Moladh Mòraig-sa?
An strìopach ceal nan crann,
Mheall am dhòchas mi;
Dhall i mi le cainnt,
'S chlàr i mi gun taing,
Gun shaoil mi nach robh anns
An Roinn Eòrp' ach i;
Ach fhuair mi solas ùr,
Thuit lannan far mo shùl;
Sgap 's a sgaoil gach dùbhradh
'S gach ceòmhorachd;
Dh'fhidir mi bhean bhreun
Na fìor dhathaibh fèin;
'S mairg neach nach dèan streup
Ris an fheòlmhorachd.

Siubhal

Coc-shròn neo-loinneil,
Mar fhoinn air a h-ùrlainn;
'S a pluicean gorm goilleach,
Garbh doireach le mùraich:
A bheadagag choireach;
'S fìor-bheudag na cloinne,
A fhuair a h-àrach 's a h-oilean
An sgoil-deileis na siùrsachd.
Poll-bùiridh nam balach,
Ann an caithream na dàmhair,
'S iomadh sìol chaidh nad chroits',
Ge nach lotaichear bàrr dhith;
Cha chinn còinneach no toradh
Mu chloich bhithear a' roladh;
On sguir mise ded mholadh,
Dùisgeam donas no dhà dhuit.

Siubhal

A bogadh nan togradh,
Chan obadh i mìltean;
Bhith faircheadh a crotaig
Air sodar b' e mìlsean;

Dh'aithnid³ èibhneas is sogan,
Mòran mìog-chùis, is sodain
Na h-ùrlainn bhric rocaich,
Nuair dh'fhosglaid⁴ na brìsnean.
Nam biodh sàr-shodair
De bhodair math dìleas,
Na ghalap 's na throtan,
A rotadh a sìth-thuill;
Bhiodh Mòrag ro thoileach,
Làn ùgaig is goileim;
B' fhurast' fhaicinn nach b' oil leath'
Bhith foileadh a h-ìochdair.

Siubhal
De dh'òirlichean aoire
Toimhseam baobhag nan Gàidheal,
O mhullach a bàiste,
Sìos traiste gu sàilibh;
A fliuch-shròn phlucanach rodaidh,
Le seann droch chlap air grodadh;
A falt gadmannach, forcach,
Dòthte, dòideach air cràiceadh:
Air pealladh, air stìoradh,
'S air fileadh, gun chìreadh;
Leis na sporaibh da spioladh,
Le piorradh nan ìnean;
Le ochd gadhair a' sireadh,
Lorg 's blàth anns gach innis,
Nach fàg ionad gun sgioladh
'S cuile-gine na frìthe.

Ùrlar
Geàrr-mhadagan nan àrd
Òrdag bhreun-ladhrach,
Le lorg-chuagan sàil-chuspach
Dèistinneach;
Dearg-ghagach nan càrn,
Mhughairneach air cnàmh;
Làn ainbheoil a dà spàig
Fo na slèisnibh aic';

---

3   .i. dh'aithnicheadh iad
4   .i. dh'fhosgladh iad

Tàrr breac gobhlach fàs,
Àirnean a chinn àird;
Fìor-shimilear na sgàth
Air na h-èibhleagan;
Garbh-ghaoisneach 's tiugh càrr,
Dubh-shradach gun stàth;
Fìor-bhotramaid nan sàr-chailean
Bèisteamhail.

An Crùnluth
Gaol anabaich dona,
Le solas an dòlais
Thug mise san droch-uair
Do rosad na h-Eòrpa.
Gum b' fheàrr leam mo chrochadh
Na dol anns na rocaibh-s';
Mo riasladh mum lochdaibh,
'S mo lotadh le dòrainn;
Na suathadh rid fhallsachd,
Fìor chabhsair na rìoghachd;
Mo ghlacadh a chlisgeadh
Led ribeachan millteach.
B' iad na breugan bhith 'd mholadh,
Faiche bhobhla nan sgoilear,
Gun mhaoin ghlain nad cholainn
Truaill-thoileil nam mìltean.

'S tu bànrigh nan cailean,
Nad chal aig luchd dìombais;
Le dàireadh do phollaig
Gun cromadh tu sìos doibh;
Sàr àraidh gu colainn,
Dol mu oisinn do thollain,
Do dh'fhear air a tholladh,
'S air bhoil gu gibht strìopaich.
B' e d' àillean mìn sgonnan
Teth foinnidh, 's e fìor chruaidh;
'S dà dhòirneig chruinn loma,
Do dh'ion bollachan lìon leis;
'S tric bha giar-dhàireadh tomain,
'S conachd frìd air do dhronnaig:
'S dlùth aislinge connain
Gad ronnadh le fileadh.

Òran an t-Samraidh

Air fonn "Through the wood, laddie".

An dèis dhomh dùsgadh sa mhadainn,
'S an dealt air a' choill,
Ann am madainn ro shoilleir,
Ann an lagan beag doilleir,
Gun cualas am feadan
Gu leadarra seinn;
'S mac-talla nan creagan
Ga fhreagradh bròn-bhinn.

Bidh am beithe deagh-bholtrach
Ùrail dosrach nan càrn,
Ri maoth-bhlàths driùchd Cèitein,
Mar ri caoin-dhèarrsadh grèine,
Brùchdadh barraich thro gheugaibh,
Sa mhìos cheutach-s' a' Mhàigh:
Am mìos breac-laoghach buailteach;
Bainneach buadhach gu dàir!

Bidh gach doire dlùth uaignidh
'S trusgan uain' ump' a' fàs;
Bidh an snodhach a' dìreadh
Às gach friamhaich as ìsle,
Thro na cuisleannan snìomhain,
Gu miadachadh blàth:
Cuach is smeòrach san fheasgar,
Seinn an leadain nam bàrr.

Am mìos breac-uigheach braonach,
Creamhach maoth-rosach àigh!
Chuireas sgeadas neo-thruaillidh
Air gach àite, da dhuaichneachd;
A dh'fhògras sneachd le chuid fuachda
O gheur-ghruaim nam beann àrd;
'S aig meud eagail ro Phèbus,
Thèid sna speuraibh na smàl.

Am mìos lusanach mealach,
Feurach failleanach blàth;
'S e gu gucagach duilleach,
Luachrach dìtheanach lurach,

Beachach seilleanach dearcach,
Ciùbhrach dealtach trom tlàth;
'S i mar chùirneanan daoimein,
Bhratach bhoillsgeil air làr!

'S moch bhios Phèbus ag òradh
Ceap nam mòr-chruach 's nam beann;
'S bidh san uair sin le sòlas,
Gach eun binn-fhaclach bòidheach,
Ceumadh mhear-bhuillean ceòlmhor,
Feadh phreas, ògan, is ghleann;
A' choireall chùirteach gun sgreadan,
Aig pòr as beadaraich greann!

'S an àm tighinn don fheasgar,
Co-fhreasgradh aon àm,
Nì iad co-sheirm shèimh fhallain,
Gu bileach binn-ghobach allail,
A' seinn gu lùth-chleasach daingeann
Am measg ùr-mheangain nan crann;
'S iad fhèin a' beiceil gu foirmeil,
Le toirm nan organ gun mheang.

Bidh gach creutair da laigead,
Dol le suigeart don choill;
Bidh an dreathan gu bailceant',
Foirmeil tailcearra bagant',
Sìor-chur fàilt' air a' mhadainn,
Le ribheid mhaisich bhuig bhinn;
Agus Roban ga bheusadh
Air a' ghèig os a chinn.

Gur glan gall-fheadan Riseird
A' seinn nan cuisleannan grinn,
Am bàrr nam bileachan blàthmhor,
'S an dos nan lom-dharag àrda,
Bhiodh sna glacagan fàsaich,
As cùbhraidh fàileadh na fìon:
Led phuirt thrileanta shiùbhlach,
Phronnmhor lùthmhor le dìon.

Siud na puirt as glan gearradh,
'S as ro-ealanta roinn;
Chuireadh m' inntinn gu beadradh,

Cliathludh d' fheadain mun eadradh,
'N àm don chrodh bhith gan leigeadh,
An innis bheitir sa choill;
'S tu 'd lèig air baideal ri cionar,
An grianan aon-chasach croinn.

Bidh bradan seang-mhear an fhìor-uisg',
Gu brisg slinn-leumnach luath;
Na bhuidhne tàrr-ghealach lannach,
Gu h-iteach dearg-bhallach earrach,
Le soillsein-airgid da earradh
'S mion-bhreac lainnireach tuar;
'S e fhèin gu crom-ghobach ullamh,
Ceapadh chuileag le cluain.

A Bhealltainn bhog-bhailceach ghrianach,
Lònach lèanach mo ghràidh,
Bhainneach fhionn-mheògach uachdrach,
Omhnach loinideach chuachach,
Ghruthach shlamanach mhiosrach,
Mhiodrach mhiosganach làn,
Uanach mheannanach mhaoineach;
Bhocach mhaoiseach làn àil!

Ò 's fìor-èibhinn ri chluinntinn,
Fann-gheum laoigh anns a' chrò!
Gu h-ùrail mion-bhallach àlainn;
Druim-fhionn geàrr-fhionnach fàilidh,
Ceann-fhionn colg-rasgach cluas-dearg,
Tàrr-gheal guaineiseach òg,
Gu mogach bog-ladhrach fàsmhor,
'S e leum ri bàirich nam bò!

A shòbhrach gheal-bhuidh' nam bruachag,
Gur fann-gheal snuadhmhor do ghnùis!
Chinneas badanach cluasach,
Maoth-gheal baganta luaineach,
Gur tu ròs as fhèarr cruadal
A nì gluasad à h-ùir;
Bidh tu 'd èideadh as t-earrach
'S càch ri falach an sùl.

'S cùbhraidh fàileadh do mhuineil,
A chrios Chù-Chulainn nan càrn!

Nad chruinn-bhabaidean riabhach,
Lòineach fhad-luirgneach sgiamhach,
Nad thuim ghiobagach dhreach-mhìn,
Bhàrr-bhuidh' chasarlach àrd;
Timcheall thulmanan dìomhair
Mum bi 'm biadh-ianain a' fàs.

'S gum bi fraoidhneasan boillsgeil
A thilgeas foidhneul nas leòr,
Air gach luibh-ghort de neòinein,
'S de bharraibh sheamairean loghmhor;
Mar sin is leasachan soilleir,
De dh'fheada-coille nan còs,
Timcheall bhoganan loinneil,
As tric an eilid nan còir.

Nis trèigidh 'n coileach a' ghucag,
'S caitean brucach nan craobh,
'S thèid gu mullach nan sliabh-chnoc,
Le chirc gheàrr-ghobaich riabhaich,
'S bidh ga suirghe gu cùirteil
Am pillibh cùl-ghorma fraoich;
'S ise freagradh le tùchan:
'Pi-hu-hù, tha thu faoin.'

A choilich chraobhaich nan geàrr-sgiath,
'S na fallainne duibh,
Tha dubh is geal air am measgadh,
Gu ro òirdheirc ad itich,
Muineal loinnearach sgiobaidh,
Uaine slios-mhìn, 's tric crom!
Gob nam pongannan milis,
Nach faict' a' sileadh nan ronn!

Siud an turraraich ghlan loinneil,
As àrd coilleag air tom,
'S iad ri burraras sèimh ceutach
Ann am feasgar bog Cèitein:
Am bannal geal-sgiortach uchd-ruadh;
Mala ruiteach chaol chrom;
'S iad gu h-uchd-àrdach eàrr-gheal,
Grian-dheàrrsgnaidh druim-dhonn.

Òran a' Gheamraidh

Air fonn "Tweedside".

Tharraing grian, rìgh nam planaid 's nan reul,
Gu *sign* Chansair Diciadain gu beachd,
A riaghlas co-throm mun crìochnaich e thriall,
Dà mhìos deug na bliadhna mu seach;
Ach gur h-e 'n dara Disathairn na dhèidh,
A' ghrian-stad shamhraidh, aon deug, an là 's faid';
'S an sin tionndaidh e chùrsa gu sèimh,
Gu seas-ghrian a' gheamhraidh gun stad.

'S o dh'imich e nis uainn mun cuairt,
Gum bi fuachd oirnn gum pill e air n-ais,
Bidh gach là dol an giorrad gu feum,
'S gach oidhche da rèir dol am fad:
Struidhidh luibhean is coill agus feur,
Na fàis-bheò ion-eugaidh iad às:
Teichidh snodhach gu freumhaich nan crann,
Sùighidh glaodhain an sùgh-bheatha a-steach.

Seacaidh geugan glan cùbhraidh nan crann,
Bha san t-samhradh trom-stràicte le meas,
Gun tòirleum an toradh gu làr,
Gun sgriosar am bàrr far gach lios.
Guilidh feadain is creachainn nam beann
Sruthain chriostail nan gleann le trom-sprochd,
Caoidh nam fuaran ri meachainn gun cluinn:
Deoch-thunnta nam maoiseach 's nam boc.

Laighidh bròn air an talamh gu lèir,
Gun aognaich nan slèibhte 's na cnoic:
Grad-dubhaidh caoin-uachdar nam blàr,
Fàl-rùisgte, 's iad fàillinneach bochd.
Na h-eòin bhuchallach bhreac-iteach ghrinn,
Sheinneadh baisgeanta binn am bàrr dhos,
Gun tèid a' ghlas-ghoib air am beul,
Gun bhogha, gun teud, 's iad nan tost.

Sguiridh bùirdeasaich sgiathach nan speur,
Den ceilearadh grianach car treis,
Cha seinn iad am maidnean gu h-àrd,

No 'm feasgarain-chràbhach sa phreas:
Cadal cluthmhor gun dèan anns gach còs,
Gabhail fasgaidh am fhrògaibh nan creag;
'S iad ri ionndrainn nan gathannan blàth,
Bhiodh ri deàlradh o sgàileadh do theas.

Cuirear daltachan srian-bhuidh' nan ròs
Far mìn-chìoch nan òr-dhìthean beag,
Sinean gucagach lilidh nan lòn,
Nam flùran 's geal-neòinein nan eag,
Cha deòghlar le beachain nam bruach,
Cròthaidh fuarachd car cuairt iad nan sgeap;
Cha mhò chruinnicheas seillean a mhàl,
'S thar gheal-ùr-ròs chrann-gàrraidh cha streap.

Tèarnaidh bradan is sgadan 's gach iasg,
Od iargain gu fèath-ghrunnd nan loch;
'S gum fan air an aigeann dubh-dhonn,
Ann an doimhneachd nam fonn is nan sloc:
Na bric thàrr-ghealach eàrr-ghobhlach shlìom,
Leumadh meardha, ri usgraichean chop,
Nan cairtealaibh geamhraidh gun tàmh,
Meirbh sàmhach o thàmh thu fon ghlob.

Chas is ghreannaich gach tulach 's gach tom,
'S dòthte lom chinn gach fireach 's gach glac;
Gun d' odhraich na sìthein feòir,
Bu lusanach feòirneanach brat:
Thiormaich maghannan 's ruadhaich gach fonn;
Bheuc an fhairge 's ro thonn-ghreannach gart;
'S gun sgreataich an dùdlachd gach long,
'S thèid an cabhlach na long-phort a-steach.

Neulaich pàircean is meadar gu bàs,
Thuit gach fàsach 's gach àite fo bhruid;
Chiaraich monadh nan ìosal 's nan àrd:
Theirig dathannan gràsmhor gach luig;
Dh'fhalbh am fàileadh, am musgan 's am fonn;
Dh'fhalbh a mhaise far lompair gach buig;
Chaidh an eunlaith gu caoidhearan truagh,
Uiseag, smeòrach, is cuach, agus druid.

A fhraoich bhadanaich ghaganaich ùir,
Dom b' ola 's dom b' fhùdar a' mhil,

B' i bhlàth-ghrian do thàbhachd 's gach uair,
Gu giullachd do ghruaige le sgil;
Sa mhadainn iuchair nuair bhoillsgeadh a gnùis
Air bhuidheannan driùchdach nan dril,
B' fhìor-chùbhraidh 's gum b' èibhinn an smùid
Seo dh'èireadh far chùirnein gach bil.

Gun theirig sùbh-talmhann nam bruach;
Dh'fhalbh an cnuasach len trom-lùbadh slat,
Thuit an t-ubhal, an t-siris, 's a' pheur,
Chuireadh bogh' air a' ghèig anns a' bhad.
Dh'fhalbh am bainne on eallaich air chùl,
Mum bi leanaba ri ciùcharan bochd;
'S gum pill a' ghrian gu *sign* Thaurus nam buadh,
'S treun a bhuadhaicheas fuachd agus gort.

Thèid a' ghrian air a thuras mun cuairt
Do thropaig Chapricorn ghruamaich gun stad,
On tig fearthainn chruinn mheallanach luath,
Bheir à mullach nan cruaidhteachan sad;
Thig tein'-adhair, thig torrann na dhèidh,
Thig gailleann, thig eighre nach lag;
'S cinnidh uisge na ghlainneachaibh cruaidh,
'S na ghlas-leugaibh, mìn fuar-licneach rag.

Am mìos nuarranta gharbh-fhrasach dhorch',
Shneachdach cholgarra stoirm-shianach bith;
Dhìsleach dhall-churach chathach fhliuch chruaidh,
Bhiorach bhuatharra 's tuath-ghaothach cith;
Dheigheach liath-reòthtach ghlìb-shleamhainn gharbh,
Chuireas sgiobairean fairge nan ruith:
Fhlichneach phunntainneach ghuineach gun tlàths:
Cuiridh d' anail gach càileachd air chrith.

Am mìos cnatanach casadach lom,
A bhios trom air an t-sonn-bhrochan dubh;
Churraiceach chasagach lachdann is dhonn,
Bhrisneach stocainneach chom-chochlach thiugh;
Bhrògach mheatagach pheiteagach bhàn,
Imeacach aranach chàiseach gun ghruth;
Lem miann bruthaiste, mairtfheoil is càl,
'S ma bhios blàth nach dèan tàir air gnè stuth.

Am mìos brotagach toiteanach sòigh,
Ghionach stròdhail fhìor-gheòcail gu muic;
Liteach làghanach chabaisteach chòrr,
Phòiteach ròmasach ròiceil gu sult:
'S an taobh a-muigh ged a thugh sinn ar com,
Air an fhàileadh gheur-tholltach gun tlus,
'S fheudar dram òl mar lìnigeadh clèibh,
A ghrad-fhadas tein'-èibhinn san uchd.

Bidh greann dhubh air cuid mhòr den Roinn-Eòrp',
O lagaich sgèimh òrdha do theas,
Do sholas bu shòlas ro mhòr,
Ar fradharc 's ar lòchran geal deas;
Ach nuair thig e gu Gemini a-rìs,
'S a lainnir 's gach rìoghachd gun cuir,
'S buidh' soillsein nan coirean 's nam meall,
'S riochdail fiamh nan òr-pheall air a' mhuir.

'S thèid gach salmadair ball-mhaiseach ùr,
An crannaig chùbhraidh chraobh dlùth-dhuilleach cas,
Len seòl fèin a sheinn *hymns* 's a thoirt cliù,
Chionn a' phlanaid-sa chùrsadh air n-ais:
Gum bi còisir air leth anns gach gèig,
An dasgaibh èibhinn air rèidh-shlios nan slat,
A' toirt lag-ìobairt len ceilear don Triath,
Air chaol-chorraibh an sgiath anns gach glaic.

Cha bhi creutair fo chupan nan speur,
Sin nach tionndaidh ri spèirid 's rin dreach,
'S gun toir Phèbus le buadhan a bhlàiths,
Anam-fàis doibh is càileachdan ceart;
'S nì iad aiseirigh choitcheann àn uaigh,
Far na mheataich am fuachd iad a-steach,
'S deir iad, "guileag-doro-hidola-hann,
Dh'fhalbh an geamhradh 's tha 'n samhradh air teachd."

Òran nam Fineachan Gàidealach

A chomainn rìoghail rùnaich,
Sàr-ùmhlachd thugaibh uaibh,
Biodh ur ruisg gun smùirnein,
'S gach crìdh' gun treas gun lùb ann;
Deoch-slàinte Sheumais Stiùbhairt,
Gu mùirneach cuir mun cuairt!
Ach ma ta giamh air bith nur stamaig,
A' chailis naomh na truaill.

Lìon deoch-slàinte Thèarlaich,
A mhèirlich, stràc a' chuach;
B' i siud an ìocshlaint' àlainn,
Dh'ath-bheòthaicheadh mo chàileachd,
Ged a bhiodh am bàs orm,
Gun neart gun àgh gun tuar.
Rìgh nan dùl a chur do chabhlaich
Oirnn thar sàil ri luaths.

Ò tog do bhaideil àrda,
Chaol dhìonach shàr-gheal nuadh,
Rid chrannaibh bith-dhearg làidir,
Gu taisteal nan tonn gàireach;
Tha Aeolus ag ràitinn
Gun sèid e rap-ghaoth chruaidh
On àird an ear; 's tha Neptun dìleas,
Gu mìneachadh a' chuain.

Is bochd a ta do chàirdean,
Le ro-mheud d' fhàrdail uainn;
Mar àlach maoth gun mhàthair;
No beachain bhreac a' ghàrraidh,
Aig sionnach 'n dèis a fàsach',
Air fàillinn feadh nam bruach.
Aisig cabhagach led chabhlach,
'S leighis plàigh do shluaigh.

Tha na dè ann an deagh-rùn duit,
Greas ort le sùrd neo-mharbh,
Thar dhronnag nan tonn dùbh-ghorm,
Dhruim-robach bhàrr-chas shiùbhlach,

Ghleann-chladhach cheann-gheal shùgh-dhlùth,
Nam mòthar cùl-ghlas garbh;
Nan cuan-choirean greannach stuadh-thorrach,
'S crom-bhileach molach falbh.

Tha muir is tìr cho rèidh dhuit,
Mur dèan thu fèin an searg;
Dòirtidh iad nan ceudaibh,
Nan laomaibh tiugha treuna,
À Breatainn is à Èirinn,
Mud standard brèid-gheal dearg:
A' ghaisreadh sgaiteach ghuineach rìoghail,
Chreuchdach fhìor-luath gharg!

Thig do chinneadh fèin ort,
Na treun-fhir laomsgair gharbh,
Nam beathraichibh gu reubadh,
Nan leòmhannaibh gu creuchdadh;
Nan nathraichibh grad-leumnach,
A lotas geur len calg,
Len gathaibh faobharach rinn-bheurra
Nì mòr-euchd len arm.

Nam brataichibh làn-èidichte,
Le dealas geur gun chealg,
Thig Dòmhnallaich nan dèidh sin;
Cho dìleas duit rid lèine;
Mar choin air fastadh èille,
Air chath-chrith geur gu sealg;
'S mairg nàimhde don nochd iad fraoch,
Long, leòmhann, craobh, 's làmh-dhearg.

Gun neartaich iad do champa,
Na Caimbeulaich gu dearbh,
An Diùc Earra-Ghàidhealach mar cheann orr',
Gu mòralach mear prionnsail;
Ge b' e bheir air ionnsaigh,
B' e siud an tionnsgnadh searbh,
Le lannaibh lotach dubh-ghorm toirteil,
Sgoltadh chorp gum balg.

Gu tairbheartach glan caismeachdach,
Fìor-thartarach nan rang,

Thig Cluainidh le chuid Phearsanach,
Gu cuanna gleusta grad-bheartach;
Le spàinnichibh teann-bheartaichte,
'S cruaidh fead ri sgailceadh cheann;
Bidh fuil ga dòrtadh 's smuais ga spealtadh,
Le sgealpaireachd an lann.

Druididh suas rid mheirghe,
Nach meirbh an àm an àir,
Clann Ghill-Eain nach meirgich
Airm ri uchd do sheirbheis,
Lem brataichean 's snuadh feirg' orra,
San leirg mar thairbh gun sgàth:
Am fòirne fearail nimheil arrail,
'S builleach ealamh làmh!

Gun tig na fiùrain Leòdach ort,
Mar sheòbhgan 's eòin fon spàig;
Nan tùraibh lann-ghorm tinnisneach,
Air chorr-ghleus streup gun tiomachas,
An rèisimeid fhìor-innealta,
'S fàth gioraig dol na dàil;
Am bi iomad bòcan fuilteach foirmeil,
Thèid le stoirm gu bàs.

Thig curaidhnean Chlann Chamshroin ort,
Thèid meanmnach sìos nad spàirn;
An fhoireann ghuineach chaithreamach,
'S neo-fhiamhach an àm tarrainge;
An lainn ghlas mar lasair dealanaich,
Gu gearradh cheann is làmh;
'S mar luaths na dreige, 's cruas na creige,
Chluinnte sgread nan cnàmh.

Thig mìlidhean Chlann Iain ort,
Thèid fritheilteach gud champ;
Mar fhalaisg ris na sliabh-chnuic,
Is gaoth a' Mhàirt ga biathadh;
No marcaich' air each srianach,
A rachadh sìos gun chàird;
Cho ealamh ris an fhùdar ullamh,
An t-srad nuair bhuineadh dhà.

Gur cinnteach dhuibh gur coinneachadh,
MacCoinnich mòr Cheann t-Sàil';
Fir làidir dhàna choinnealta,
Den fhìor-chruaidh air a foinneachadh,
Nach gabh fiamh no somaltachd,
No sgreamh ro theine bhlàr;
'S iad gu nàrach fuileach foinnidh,
Air bhoil' gu dol nad chàs.

Gur foirmeil pròiseil òrdail,
Thig Tòiseachain nan rang,
Am màrsail stàtail còmhnard;
Gu pìobach bratach sròl-bhuidh':
Tha rìoghalachd is mòrchuis,
Gun sòradh anns an dream:
Daoine làidir neartmhor còrdha.
'S iad gun ghò gun mheang!

Thig Granndaich gu ro thartarach,
Neo-fhad-bheartach dod champ
Air phriob-losgadh gu cruadal,
Gu snaidheadh cheann is chluas diubh;
Cho nimheil ris na tìgearaibh
Le feachdraidh dian-mhear dàn',
Chuireas iomad fear le sgreadail,
Sa bhreabadaich gu làr.

Thig a-rìs na Frisealaich,
Gu sgiobaidh le neart garbh;
Nan seòbhgaibh fìor-ghlan togarrach,
Le fuathas bhlàr nach bogaichear;
An còmhlan feardha cosgarrach,
'S mairg neach don nochd iad fearg;
An spuir ghlas aig dlùths an dèirich
Bidh nan èibhlibh dearg.

Nan gaisreadh gaisgeil lasgarra,
Thig Lachannaich gun chàird;
Nan saighdibh dearga puinnseanta;
Gu claidheach sgiathach cuinnsearach,
Gu gunnach dagach ionnsaichte,
Gun chunntas ac' air àr:

Dol nan deannaibh 'n aodann pheilear,
Teachd o theine chàich.

Gabhaidh pàirt ded iorghail-s',
Clann Fhionghain 's òirdheirc càil:
Mar thuinn ri tìr a' sìor-bhualadh;
No bile lasrach dian-loisgeach;
Nan treudaibh luatha sìor-chonfhach,
Thoirt grìosaich air an nàmh:
An dream chathach Mhuileach Shrathach,
'S math gu sgathadh chnàmh.

'S mòr a bhios ri corp-rùsgadh,
Nan closaichean sa bhlàr,
Fithich anns an ròcadaich,
Ag itealaich 's a' cnocaireachd;
Cìocras air na cosgarraich,
Ag òl 's ag ithe 'n sàth.
Och 's tùrsach fann a chluinntear moch-thràth,
Ochanaich nan àr!

Bidh fuil is gaorr gam fuidreadh ann,
Le lùth-chleasan ar làmh;
Meangar cinn is dùirn diubh,
Gearrar uilt le smùisreadh,
Cìosnaichear ur biùthaidh,
Gan dùbh-losgadh 's gan cnàmh:
Crùnar le pomp Tèarlach Stiùbhart,
'S Frederic Prionns' fo shàil.

Brosnachadh nam Fineachan Gàidealach sa Bhliadhna 1745

Air fonn "Coille Chragaidh" no "An àm dol sìos bhith deònach".

Tha deagh-shoisgeul feadh nan Garbh-chrìoch,
Sùrd air armaibh còmhraig;
Ùird ri dairirich dèanamh thargaid
Nan dual ball-chruinn bòidheach;
Chaidh nan seargaibh le cam-earra-ghlòir
Sluagh fìor-chealgach Sheòrais,
Ò 's sgeul dearbhta thig thar fairge,
Neart ro gharbh dar fòirinn.

Thig thar lear le gaoith an ear oirnn,
Toradh deal ar dòchais,
Le mhìlte fear, 's le armaibh geal,
Prionns' ullamh mear, 's e dò-chaisgt':
Mac Rìgh Seumas, Tèarlach Stiùbhart;
Oighre a' chrùin th' air fògradh;
Gun dèan gach Breatannach làn-ùmhlachd
Air an glùn da mhòrachd.

Nì na Gàidheil bheòtha ghasta,
Èirigh bhras le sròlaibh;
Iad nan ciadaibh uime 'g iadhadh,
'S coltas dian chur gleòis orr';
Gun fhiamh, 's iad fiata claidheach sgiathach,
Gunnach riaslach stròiceach,
Mar chonfhadh leòmhanna fiadhaich,
'S acras dian gu feòil orr'.

Dèanaibh ullamh chùm ur turais,
'S bithibh guineach deònach;
Seo an cumasg am bi na buillean,
An dèantar fuil a dhòrtadh:
Och a dhuine 's lìonmhor curaidh
As fìor-sturrail còmhstri,
A leigear far èille mar chuilein,
Dh'fhaotainn fuil air Seòras!

'S iomadh neach a thèid air ghaisge,
Tha fìor-lag na dhòchas,

Gus an nochdar standard brat-dhearg
An Rìgh cheart-s' tha oirnne,
Ged a bhiodh e na fhìor-ghealtair,
Gur cruaidh rag gu bhròig e,
Ceart cho garg e ris an lasair,
A losgadh fasbhuain eòrna.

Mhoire, 's sgairteil foirmeil bagant',
Gàidheil ghasta chròdha;
Gach aon bhratach sìos don bhaiteal,
Len gruaidh laiste ròs-deirg;
Iad gun fhiamh gun fheall gun ghaiseadh,
Rìoghail beachd-bhorb pròiseil;
Gu neo-lapach ri rinn gaisge,
'S spàinnich ghlas nan dòrnaibh.

'S binn leinn plapraich nam brèid bratach
Sranntraich bras ri mòr-ghaoith,
An glacaibh gaisgich nan ceum staideil,
As stuirteil sgairteil mòisean;
'S lann ghorm sgaiteach de shàr-shlacan,
Geur gu sracadh shròn aige,
Air bac-cruachainn an fhir-bhrataich,
Gu cur tais' air fògradh.

'S fuirbidh tailceant', 's cumpa pearsa,
Treun-laoch spraiceil dòid-gheal;
Pìob ga spalpadh suas na achlais,
Mhosglas lasan gleòis duinn:
Caismeachd bhras-bhinn bhrodadh aigneadh,
Gu dian-chasgairt slòigh leis;
Chuireadh torman a port baisgeil,
Spioraid bhras nar pòraibh.

Bithibh sunndach lùthmhor beumach,
Sgriosach geur gu feòlach;
'S bidh Màrs creuchdach cogach reubach,
Anns an speur gur seòladh:
Soirbhichidh gach nì gu lèir leibh,
Ach sibh fhèin bhith deònach:
Màrsailibh gun dàil gun èislein,
Lùthmhor eutrom ceòlmhor.

Màrsailibh gun fheall gun airteal,
Gach aon bhratach bhòidheach;
Cuideachd shuaicheanta nam breacan,
'S math gu casg na tòrachd;
Nuair a rùisgeas sibh na claisich,
Bidh smuais bhreac feadh feòir leibh;
Gaorr is eanchainne nan spadal,
'S nan liath-shad feadh mòintich.

Sliocraich, slacraich, nan cruaidh-shlacan,
Freagradh basgar shionnsair;
Nuair a thèid an ruaig gun stad leibh,
Gur ro fhada chluinntear,
Feadraich bhuillean, sgoltadh mhullach,
Sìos gu bun an rùmpaill;
Ruaig orr' uile mar mhaoim-tuile;
Chaoidh chan urr' iad tionndadh.

'S iomadh fear a dh'òladh lìonte,
Slàinte 'n rìgh-s' tha òirnne;
Spealgadh ghlainneachan an grìosaich,
'S e cur binn' air Seòras;
Ach 's onaraiche a-nis an gnìomh,
Na còig ceud mìle bòla;
'S fhèarr aon siolla dh'fhuil san fhrìth,
Na galain fhìon air bhòrdaibh.

Dearbhaidh, beachdaidh, sibh bhith ceart da,
Èirigh grad lur slòghaibh;
Gun ur mnathan, clann, no beairteas,
Chur stad-feachd nur dòchas;
Ach gluasad inntinneach luath cinnteach,
Rìoghail lìont' de mhòrchuis:
Mar an raineach a' dol sìos duibh,
Sgriosadh dian luchd-chleòcan.

Ar ceathairne ghruamach nimheil,
Làn de mhire-chruadail;
'S misg dhearg chatha gu bàrr rath orr',
'S craobh dhearg dhath nan gruaidhibh;
Iad gun athadh sìos len claidhean,
Ri sìor-sgathadh chnuacan:

Lotar dearganaich lur gathan,
'S lur sìor-chrathadh cruadhach.

'S beagan sluaigh, is tric thug buaidh,
An iomairt chruaidh a' chòmhraig:
Dèanamaid gluasad gun dad uamhainn,
'S na biodh fuathas oirnne;
Dòirtidh uaislean an taoibh-tuath,
MacShìm nan ruag 's Diùc Gòrdan,
Lem marc-shluagh is nuarrant' gruaim;
'S ruaim amhaidh fhuar nam pòraibh.

Moladh air Pìob Mòir MhicCruimein don Ainm an Òinseach

Tha a' chiad cheathramh, mar gum b' ann air a dhèanamh leis a' phìob don ùghdar. Air fonn "Màiri nighean Deòrsa".

'S iomadh baintighearn' bha spèiseil,
Mun chèile bh' aig Mòraig;
Gun àirmhear mi fhèin diubh,
'S gach tè tha dem sheòrsa:
Mhol e phìob anns gach grìd
Am b' fheàrr a prìs cheòlmhor;
Na buadhannaibh mòra,
Na gaisge ri còmhrag:
Ò fhad 's bhios bìog, no aon dìorr,
No gnè chlì am chòmhradh-s',
'S gun an fhorc a bhith 'm mheòiribh,
Gum mol mi rim bheò thu.

Leam is mùirneach 'n àm èirigh,
Cruaidh-sgal èibhinn do sgòrnain;
Anail-beatha do chreubhaig,
Ga sèideadh throd phòraibh;
Cinnidh às port nach tais,
Làn de thlachd sò-ghràdhach,
'S e fonnmhor mear bòidheach,
Gu h-inntinneach loghmhor:
Ceart is blas, caismeachd bhras,
'S ùrlar cas còmhnard,
Gun reasgaich' gun chrònan,
Gun slaodaireachd mheòirean.

'N àm don ghrèin dol na h-èideadh,
'S tric leat èirigh ad sheòmar,
Gu trusganach ceutach,
'S ribean glè-ghrinn den t-sròl ort:
D' àrd-ghlaodh suas, sgairteil fuaim,
Madainn fhuar reòthta;
Dol san ruaig-chòmhraig,
Bheirteadh sluagh beò leat;
Gur spreòdadh cruaidh d' alàram luath,

Neach is tuar gleòis air:
Gun toir mi fhìn bòidean,
Gum mol mi rim bheò thu.

Corp mìn-chraicneach glè ghlan,
Làn de shèideagan-cruadail:
Do chiad sgairt, neartmhor eutrom,
Mosglaidh ceudan om fuar-ghreann;
Le mòr-sgairt, thèid gu grad,
An airm 's am brat-buailte,
Le foirmealachd uallaich,
'S craobh-fheirge nan gruaidhibh,
Spàinneach glas cùil nan clais,
Siar gach bac-cruachain,
Grad-ullamh gu tuasaid,
Le sgal sionnsair gam buaireadh.

'S mòr tha mhaise 's de mhisnich,
'S de dheagh-ghibhtean nad ùrlainn:
Pròiseil stuirteil fìor-sgiobaidh,
'S gur neo-mhiota cur giùig ort:
Goic nam buadh 's àghmhor gruaim,
A dh'fhàgas sluagh creuchdach,
Gu marbhadh 's gu reubadh,
Le caithream nan geur-lainn;
Pìob 's i suas, 's dìonach nuall
Miar-chruinn luath leumnach;
Toirm thrileanta bhlasta,
'S fìor-bhastalach beucail.

Nuair a nochdar a' bhratach,
B' ait leam basgar do shionnsair;
Led bhras-shiùbhlaichean crapach,
Teachd le cneatraich od chrùnluth:
Caismeachd dhlùth 's pronn-mhìn lùth,
Teachd le rùn reubaidh,
Ghearradh smùis agus fhèithean,
Led sgal-ghaoir ag èigheach;
Cò den t-sluagh nach cinn luath,
Fod spor cruaidh gleusta?
Chan eil anam an creubhaig,
Làn de mhisnich nach sèid thu.

Chuireadh cnapraich do bhras-mhiar,
Gach aon aigneadh gu cruadal:
Do thorman dìonach le lasgar,
Àrd, binn, caismeachd an fhuathais.
Lùths is spìd, luas le clì,
'S mòr-neart fìor-chuanta,
Gu sàthadh 's gu bualadh,
'S gu cuirp chur an uaighibh,
Beuc na pìob', 's i cur dhìth,
Sìor-sgrios ghnìomh-luaineach:
Riamh ri uchd-bualaidh,
'S crann àghmhor san ruaig thu.

Molam ceòl agus caismeachd;
Crann taitneach mo rùin-s' thu;
Chuireadh d' iolach fod bhrat-bhrèid,
Rinn-cholg gaisge nar sùilean;
Rìgh nan ceòl, 'n àm na slòigh
Bhith nam mòr-èideadh,
Gu stròiceadh 's gu reubadh,
Chur chorp as à chèile:
Ri uchd-gleòis 's bras do mheòir,
Led anfhadh glòir-ghleusta,
Dol air n-adhart gu sgairteil,
'S leanailt bhras san ratreuta.

Rinn thu òinid den chlàrsaich,
Searbh mar ràcadal fìdhle;
Ciùil bhochd mhobhsgaideach phràmhail,
Airson sheann-daoine 's nìghneag:
Ri uchd goil', b' fheàrr aon sgal,
Od thuill mhear fhìnealt',
Gam brosnadh 's gan grìosadh,
Ann an caithream thoirt grìosaich,
Toirm do tholl pronnadh phong,
Cruinn-chruaidh lom-dhìonach:
B' fheàrr san àm sin do bhròlainn,
Na uile oirfeid na Crìostachd.

Torman siùbhlach dhos fàinneach,
'S milis gàirich is crònan:
Bùirean cuilce 's binn àrd-ghaoir,
Teachd o fhàslaichean ceòl-chaol:

Sionnsair donn 's foirmeil fonn,
'S sgiamhach bonn rò-ghrinn;
Gun ghaiseadh gun fhòtas,
'S ribheid gheur chòmhnard:
Brat mìn trom, plapraich crom,
Sìoda lom crò-dhearg,
Mar shuaicheantas còmhraig,
'S e sranntraich ri mòr-ghaoith.

B' ait bhith 'g amharc ad eudann,
'N àm bhith sèideadh do shròine:
Tha Màrs gaisgeil na èideadh;
Ri sìor-shèitrich fod chòtan.
Nuair chuirear suas do ghlaodh cruaidh,
Ron bhras-shluagh chòmhstritheach,
Cinnidh daoine nan leòmhannaibh
Fuileachdach beòtha;
Bidh bras-ruaim ghuineach ruadh,
Anns gach gruaidh fheòlmhoir;
'S le mòr lasgar do bhras-phort,
Chan ath iad bhith deònach.

B' e siud an gothadh fìor-laghach,
A' dol air n-adhart sa mhàrsail;
Ann ad chorp cumail stadhaidh,
A' dol am fradharc do nàmhad:
'S iomadh fear bheir fa-near
D' fhacail mhear ghràsmhor,
Gan spreòdadh sna blàraibh,
Le mear-ghaoith do mhàlaidh:
'S rabhadh trom gach aon phong,
Thig od chom gàireach;
Sìor-bhrosnachadh teine,
'S tarraing sgoinneil air chlàidhean.

Chuireadh tusa led bhuadhan,
Gaoir dhearg chruadail 's gach inntinn:
Shiùbhladh tu led thoirm uallaich,
Gach ball uasal 's cha dìobair,
Dhannsadh bras, ar thoirt às
Le fìor bheachd mì-chùis,
Gach crìdh' a bhios rìoghail,
Nan comaibh gun dìbleachd;

Thèid air ghleus gach aon chrè
Le misg-chath' ghèir dhìlis;
'S le brostadh do bhras-phort,
Gun casgradh iad mìltean.

Gur suibseig fhìor-thorrach,
Corp so-ghràdhach na pìoba;
Loma-làn loinne mu broilleach,
Sìos gu coilear a fìdeig:
Buill do chuirp sheinneas puirt,
Le ceòl-stuirt bìogail,
Throd ochd uinneagan fìnealt',
Thig arm-chaismeachd nam mìlidh:
'S toirm do bhruit ri sìor-chluich
Am bàrr do dhuis rìomhaich,
Seòid a mhosgladh nan gaisgeach,
Le foirm bhras-phort gan grìosadh.

'S co tiugh gach òrthaichean sèitreach,
Mud ghnùis cheutaich a' bòrcadh,
Ri meanbh-chuileagan Cèitein,
Mu bhoc a' rèiceil air lònan:
Gràdh do chom choisneas bonn,
Led shreath tholl òrdail,
Teachd na thailmrich bhinn bhòidhich,
Thro ochd dhorsa do sheòmair;
Muineal crom, phronnas pronn
Puirt le fonn còmhraig:
Cliath as tartarach tadhal,
Breabraich, stadhadh, is mòisean.

Suas nuair nitear do spalpadh
Ann an achlais do chèile;
Throd chaol-ghaothaire snasmhor,
Gaoth nad phearsain ga sèideadh,
Meòir nan ruith air bhall-chrith,
'S iad ri frith-leumraich,
Air sionnsair donn gleusta,
'S binn goileam a' chlèibh sin;
Dearrasan bruit, gaoirich duis,
Gun tuisleadh ga bheusadh;
Air slinnean borb an fhir-bhrataich,
Gathan gast' agus brèid ris.

An crann mun cruinnich na ceudan,
'N àm cruaidh gheur thoirt à truaillibh
Làn airm agus èididh,
Ghuineach ghleusta gu cruaidh-chùis:
Crith gu feum air gach treun,
Làn de shèid ghruamaich,
Led lasagan buadhach,
Sparradh ascaoin sna sluaghaibh.
Màrs na leum anns an speur,
Air each dearg ceum-luaineach,
Na làimh a chlaidheamh ga chrathadh,
'S misg-chatha na ghluasad.

Mhoire, 's ionmhainn leam fhèin thu
Seach an cèile bh' aig Deòrsa;
A' Bhan-chruimeanach bheusach,
Mhaiseach bhrèid-ghlan gun fhòtas:
Bean gun bheud, 's i gun eud,
Làn de shèid shòlais,
An geal-ghlacaibh d' fhir-phòsta,
Gad chniadach 's gad phògadh:
Ò 's fortan cruaidh nach eil d' fhuaim
Am chluais feadh 's bu bheò mi:
Ceòl is caismeachd mo chrìdh-s',
A' bhan-sgiathanach ghlòrmhor!

Òran Rìoghail a' Bhotail

Air fonn "Let us be jovial, fill our glasses".

Biomaid subhach, 's òlar deoch leinn,
Osnaich nar fochair cha tàmh,
Na smaoinich'mid air bochdainn,
Fhad 's a bhios an copan làn.

'S artaigil mòr de chreud Bhachuis,
Creidsinn gu ceart anns an dram;
'S leanailt air bhith 'g òl gu sùrdail
Gus an cinn stùirdean sa cheann.

Òlamaid glainneachan làna,
Air slàint' an t-Seumais a ta uainn;
Cuireamaid dà shlàint' an càraid,
Tosta Theàrlaich— stràic a' chuach.

Ma tha stamag anns a' chuideachd
Nach dìleidh a' chuid-s' dar miann,
Siabadh e mach às ar caraibh,
Mar gun carthainnichteadh sìol.

Cuireadh ar cupachan tharta:
Aisig cas an còrn mun cuairt:
Faicear èibhinneachd air lasadh,
Le fìor sgairt nar beachd 's nar gruaidh.

Biodh ar cridheachan a' dannsa,
Linn an dram-sa dhol na thruaill,
Mar gum biomaid sa cheart àm-sa,
Dol don champ a dh'fhaotainn buaidh'.

Den dibh bhrìoghmhoir neartmhoir bhlasta,
'S mìlse na mil bheach gu pòit,
Lìon an soitheach sin a-mach dhuinn,
Den stuth bhlasmhor sin san stòp.

Seinnear òrgain, beumar stuic dhuinn;
Crùnamaid le cup an rìgh;
Canain gach daingein a' beucail,
Biodh tein'-èibhinn anns gach tìr.

De dh'ìocshlainte naomha sin Bhachuis,
Cuir buideal pailt dar còir,
Gun tairgeamaid ìobairt thaitneach,
Do dhia creachach sin an òil.

Gur h-iomadh feart falachaidh tlachdmhor,
Tha 'm mac na bracha ri luaidh;
Rinn sin e na leannan do mhìltean,
'S na mhìlsean prìseil don t-sluagh.

Sgolaidh e ghruaim far a' mhùigein,
Nì e fiùghantach fear cruaidh;
Nì e cruadalach fear gealtach,
Gus an tèid e 'm feachd no 'n ruaig.

Nì e cainnteach am fear tostach,
Nì e brosgalach fear dùr;
Nì e suirgheach am fear nàrach,
'S fàgaidh e dàn' am fear diùid.

Nuair thèid e sa mhala thoisgeil,
Tàirnidh e muisein gu cliù;
'S fosglaidh e na glasa dìomhair,
Deir mac a' mhiothair nach fiù.

Nì e pògach am fear ailleant'
Nach fuilgeadh cailin na chòir;
Sparraidh e danns' anns na casaibh
Nach d' rinn riamh aon steap dan deòin.

Fàgaidh e 'n neo-shanntach acrach;
Toinnidh e cas am fear slìom;
Bheir e caithtean air fear sleamhainn,
'S nì e spreadhail am fear tìom.

An t-airgead a bha ga sticleadh
San sporan na chripleach riamh,
Bheir e reilìobh dha à prìosan,
Le fuasgladh cruaidh-shnaidhm nan iall.

Nì e aoigheil am fear doichleach,
Nì e socharach fear teann;
Nì e duin'-uasal den bhalach,
Nì e faramach fear fann.

Nì e saor-chridheach fear dùinte,
'S faoisididh e rùn a chrìdh';
Creididh an lag gura làidir,
Gus an dearbh e chàil san strì.

Tàirnidh e mulad gu aiteas,
Tionndaidh e airteal gu fonn;
Mionach nan sporan gun spiol e
Le ghob biorach chriomas lom.

Thigeadh meanmna 's falbhadh airteal
Air chairtealaibh uainn don Ròimh;
Seinneamaid òrain cheòlmhor ghasta,
Shunndach bhras nach lapach glòir.

Nuair bheirear à botal an staipeal,
'S a chromar ri cab a chluas,
'S èibhinn a' ghogail là earraich,
Cagar searraig' ris a' chuaich!

'S mìls' na ceilearadh smeòraich,
Le luinneig cheòlmhoir air gèig,
Cneatraich shrideagach do sgòrnain:
Cnatan is bòidhche fon ghrèin!

'S binne na luinneag eòin-bhùchainn,
Bhiodh ri tùchan am bàrr thonn,
Guileag do mhuineil is giùig ort;
Cuisle-chiùil a dhùisgeadh fonn.

'S binne na cluig-chiùil ud Ghlaschu,
D' fhuaim le bastal dol sa chòrn;
Siud an fhàilte ghleusadh m' aigneadh,
Mac na bracha teachd le pòig.

Lìon suas an t-slige-chreachainn;
Chan ion a seachnadh gu dram;
'S olc a' Ghàidhlig oirre 'n creachann;
An t-slige chreach sinne a t' ann.

'S binne d' easraich dol sa chupan,
Copadh usgraichean gud bheul,
Na co-sheirm organ is chruitean,
An talla druidte len cuid theud.

'S binne na ceòl coilich-choille,
Bhiodh ri coilleig air an tom,
Dùrdail a' bhotail ri glainne;
Crònan loinneil thoilleadh bonn.

Teicheadh lionn-dubh às ar comann,
Falbhadh gainne; 's pailt ar n-òr;
Na biodh speuclair oirnn gu ganntar,
Fhad 's a bhios an dram nar sròin.

Òlamaid sinn fhìn à h-ainbhiach,
Le mac-meanmna bhranndaidh fhuair,
Dh'aindeoin ceannaich 's ascaill-earraich,
Cùram sparramaid na uaigh.

An tobar-slànachaidh sin Bhachuis,
Fairig'mid uile ar ciall;
Cha spioraid bheag bhochda chrùbte,
'S dòcha cuid bhith aca 's fiach.

Bidh ar ceann'aidh uile an ceartair,
Cho ruiteach ri dreach nan ròs,
Nuair a thèid ar fuil air ghabhail
Le beirm laghaich Mhic an Tòis.

Gur dinnsearach spìosairneach d' fhàileadh,
'S teas-ghràdhach do shnàg throm chliabh;
Fadadh blàiths air feadh mo mhionaich;
Gur ro mhireagach do thriall.

Gur gucagach coilleagach brisg-gheal,
Bruicheil neo-mhisgeach do thuar,
Nad shlabhraidhnibh criostail a' dòrtadh,
Ri binn-chrònanaich am chluais.

Sgaoileamaid o altair Bhachuis:
A chlèirich taisg a' chailis uat;
Dh'fhalbh am fuachd, 's ciod e ta dhìth oirnn?
Thugamaid bàidse crìon don t-suain.

Ach freastail sinn air ghairm na maidne,
Led ìoc 's led bhalsam làn bhuadh;
'S thoir dhuinn aon ghloic-nid nar leaba
A bheir crith-chlaiginn oirnn mun cuairt.

Allt an t-Siùcair

Òran a rinneadh do bhaile àraid ann an Àird nam Murchan, don ainm Coire Mhuilinn, agus do dh'alltan a tha a' ruith thron bhaile sin, don goirear, Allt an t-Siùcair. Air fonn "The lass of Patie's mill".

A' dol thar Allt an t-Siùcair
Am madainn chùbhraidh chèit',
Is paidirean geal dlùth-chneap,
Den driùchd ghorm air an fheur,
Bha Riseard 's Roban brù-dhearg
Ri seinn, 's fear dhiubh na bheus;
'S goic-mhoit air cuthaig chùl-ghuirm,
'S gug-gùg aic' air a' ghèig.

Bha 'n smeòrach cur na smùid dhith,
Air bacan cùil leath' fhèin;
An dreathan-donn gu sùrdail,
'S a ribheid-chiùil na bheus;
Am bricean-beithe 's lùb air,
'S e gleusadh lùth a theud;
An coileach-dubh ri dùrdan;
'S a chearc ri tùchan rèidh.

Na bric a' gearradh shùrdag,
Ri plubraich dhlùth le chèil',
Taobh-leumnaich mear le lùth-chleas,
À bùrn le mùirn ri grèin;
Ri ceapadh chuileag siùbhlach,
Lem bristeadh lùthmhor fhèin:
Druim lann-ghorm, 's ball-bhreac giùran;
'S an lainnir-chùil mar lèig.

Mil-dheocladh sheillean srianach,
Le crònan 's fiata srann,
Nan dìthibh baglach riabhach,
Mud bhlàthaibh grianach chrann:
Stràibh-dhriùchdain dhonna thèachdaidh,
Fo shinean cìochan d' fheòir,
Gun thiochd-an-tìr no bhiadh ac',
Ach fàileadh ciatach ròs.

Gur milis brisg-gheal bùrn-ghlan,
Meall-chùirneanach 's binn fuaim,
Bras-shruthain Allt an t-Siùcair,
Ri torman siùbhlach luath:
Gach biolair 's luibh len ùr-ròs'
A' cinntinn dlùth mu bhruaich;
'S e toirt dhaibh bhuadhan sùghmhor,
Gan sùgh-bheathachadh mun cuairt.

Bùrn tana glan gun ruadhan,
Gun deathaich, ruaim, no ceò,
Bheir anam fàis is gluasaid,
Da chluanagan mu bhòrd.
Gaoir bheachan buidhe 's ruadha,
Ri diogladh chluaran-òir;
'S cìr-mheala ga cur suas leoth'
'N cèir-chuachagan nan stòir.

Gur sòlas an ceòl-cluaise,
Àrd-bhàirich buair mud chrò;
Laoigh cheann-fhionn, bhreac is ruadha,
Ri freagradh nuallan bhò;
A' bhanarach le buaraich,
'S am buachaill' dol nan còir,
Gu bleoghann a' chruidh ghuaill-fhinn
Air cuaich a thogas cròic.

Bidh lòchrain-mheala lùbadh
Nan sràbh, 's brù air gach gèig,
De mheasaibh milis cùbhraidh,
Nan ùbhlan is nam peur:
Na duilleagan a' liùgadh
Is fallas-cùil diubh fhèin;
Is clann a' gabhail tùchaidh,
Gan imlich dlùth lem beul.

B' e crònan d' easain srùthlaich,
An dùrdail mhùirneach mhàigh;
'S do bhoirrchean dathte sgùm-gheal,
Tiugh flùranach dlùth tlàth:
Led mhantal de dhealt ùr-mhìn,
Mar dhùbhradh-cùil mud bhlàth:

’S air calg gach feòirnein d’ ùr-fheòir,
Gorm-neamhainn dhriùchd a’ fàs.

Do bhrat làn shradag-daoimein,
Do bhraon nì soills’ air làr;
An carpat ’s gasta foidhneul,
Gun a cho foidhn’ an *Whitehall*;
Mud bhearradh gorm-bhreac coillteach,
An cinn an loinn le àl,
Na sòbhraichean mar choinnlean,
Nan coinnlearaibh nad sgàth.

Bidh guileag eala tùchan,
’S eòin-bhùchainn am bàrr thonn,
Aig inbhir Allt an t-Siùcair,
Snàmh lùth-chleasach le fonn;
Ri seinn gu moiteil cùirteil,
Le muineil-chiùil, ’s iad crom,
Mar mhàla pìoba ’s lùb air;
Ceòl aoifidh ciùin nach trom.

’S grinn an obair-ghràbhail
Rinn Nàdar air do bhruaich,
Led lurachain chreamhach fhàsmhor,
’S am buicean bàn orr’ shuas;
Gach saimir, neòinean, ’s màsag,
Mìn-bhreac air làr do chluain:
Mar reultan reòtht’ an deàrrsadh,
Na spangan àlainn nuadh.

Bidh croinn ’s am bàrr mar sgàrlaid
De chaoraibh àlainn ann;
Is cnòthan bachlach àr-bhuidh,
A’ faoisgneadh àrd mud cheann;
Bidh dearcan ’s sùbhan sùghmhor,
Trom-lùbadh an luis fhèin,
Caoin seacaidh blasta cùbhraidh,
A’ call an drùis ri grèin.

’S co làn mo lios ri Pàrras
De gach cnuas as fheàrr an coill;
Na rèidhlich arbhar fàsaidh,
Bheir piseach àrd is sgoinn:

Pòr reachdmhor minear fàsmhor,
Nach cinn gu fàs na laoim,
Cho reamhar luchdmhor càileachd,
'S gun sgàin a ghràn o dhruim!

Do thàchdar mara 's tìre,
Bu tiochd-an-tìr leis fhèin;
Nan treudaibh fèidh nad fhrìthibh;
'S nad chladach, 's mìlteach èisg;
Nad thràigh tha maorach lìonmhor;
'S air d' uisge 's fìor-bhras leus,
Aig òganachaibh rìomhach,
Le morghath fìor-chruaidh geur.

Gur h-ùrail sliochdmhor cuanta,
Greigh each air d' fhuarain ghorm,
Len ìotadh tarraing suas riut,
Le cluinntinn nuall do thoirm:
Bidh buicean binneach 's ruadhag,
'S minn mheanbh-bhreac chluas-dearg òg,
Ri h-ionaltradh gu h-uaigneach;
'S ri ruideis luath mud lòn.

Gur damhach aghach laoghach,
Mangach maoiseach d' fhonn;
Do ghlinn le seilg air laomadh,
Do gharbhlach chraobh 's do lom,
Gur h-àlainn bàrr-fhionn braonach,
Do chanach caoin-gheal thom,
Na mhaibeanaibh caoin maoth-mhìn:
Nad mhòintich sgaoth chearc donn.

B' e siud an sealladh èibhinn,
Do bhruachan glè dhearg ròs,
'S iad dathte le gath grèine,
Mar bhoisgnich leug-bhuidh' òir:
B' e siud an geiltreadh glè ghrinn,
Cinn dhèideagan measg feòir,
De bharran luibhean ceutach:
'S fuaim bhinn aig teud gach eòin.

Ò lilidh, rìgh nam flùran!
Thug bàrr mais' air ùr-ròs gheug,

Na bhabaidean cruinn plùr-mhìn,
'S a chrùn geal ùr mar ghrèin:
Don uisg' ud, Allt an t-Siùcair,
As cùrainn da o bheud;
Na rionnagan mu lùbaibh,
Mar reultan-iùil nan speur.

Do shealbhag ghlan 's do luachair,
A' bòrcadh suas mud chòir:
Do dhìthein lurach luaineach,
Mar thuairneagan den òr:
Do phris làn neada cuachach,
Cruinn cuarsgagach aig d' eòin:
Barra-braonain 's an t-sail-chuachag,
Nan dos an uachdar d' fheòir.

B' e siud an leigheas lèirsinn,
Do luingeas brèid-gheal luath,
Nan sguadranaibh seòl-bhrèid-chrom.
A' bòrdadh geur rid chluais;
Nan giùthsaichibh beò-ghleusta,
'S an cainb gu lèir riuth' shuas;
'S Caol Muile fuar ga reubadh,
Le anail speur o thuath.

'S cruaidh a' bhàirlinn fhuair mi,
On fhuaran 's blasta glòir,
An caochan as mò buadhan
A tha fo thuath san Eòrp';
Lìon ach am bòla suas deth,
'S de bhranndaidh fhuair nas còir:
Am puinnse milis guanach,
A thàirneas sluagh gu ceòl!

Muim'-altraim gach pòir uasail,
Nach meath le fuachd nan speur,
Tha sgiath fon àirde tuath oirr',
Dh'fhàg math a buair 's a feur;
Fonn deisearach fìor-uaibhreach,
Na speuclair buan don ghrèin:
Le sprèidh thèid duine suas ann,
Cho luath ri each na leum!

'S aol as grunnd da dhailthibh,
Dh'fhàg Nàdar tarbhach iad;
Air am mèin gun toir iad arbhar,
'S tiugh starbhanach nì fàs;
Bidh dearrasanaich sheàrr-fhiaclach,
Ga lannadh sìos am buinn,
Le luinneagan binn nìghneag;
An ceòl as mìlse rainn.

An coire 's fhèarr san dùthaich,
An coire 's sùghmhor fonn;
'S e coirean Uillt an t-Siùcair,
An coirean rùnach lom;
'S ge lom, gur molach ùrail,
Bog-mheadar dlùth a thom,
Am bheil mil is bainne brùchdadh,
'S uisg' ruith air siùcar pronn.

An coire searrachach uanach,
Meannach uaigneach àigh;
An coire gleannach uaine,
Bliochdach luath gu dàir;
An coire coillteach luachrach,
An goir a' chuach sa Mhàrt;
An coire 'm faigh duin'-uasal,
Biast dhubh is ruadh na chàrn!

An coire brocach taobh-ghorm;
Torcach faoilidh blàth;
An coire lonach naosgach,
Cearcach craobhach gràidh;
Gu bainneach bailceach braonach,
Breacach laoghach blàr:
An sultmhor mart is caora,
'S as torrach laomsgair bàrr!

An coire 'm bi na caoraich
Nan caogadaibh len àl;
Len reamhad gabhail faoisgnidh
Àn craicnibh maoth-gheal tlàth:
B' e siud am biadh 's an t-aodach,
Nad fhaoin-ghleannaibh 's nad àird;

An coire luideach gaolach,
'S e làn de mhaoinibh gràis!

An coire lachach dràcach,
'M bi guilbnich 's tràigh-gheòidh òg';
An coire coileachach làn-damhach,
As moch is anmoch spòrs:
'S tìm dhomh sgur dan àireamh,
An coire 's fàsmhor pòr;
Gu h-innseach doireach blàrach,
As imeacach càiseach bò!

Òran Da Chèile[5]

Òran a rinn duine-uasal àraid, da chèile nua-phòsta. Air fonn "Dh'fhalbh san fheasgar an t-òg bu deise".

Air Allt Ghartan ghlacas bradan,
Ban-iasg ghasta làn-mhaiseach.

Am breac as ciataich' ann am bheachd-sa,
'S dreach mìn sneachd-gheal sàile dhith.

Bean ghlan bhas-bhàn chaoin shèimh chas-chruinn,
Nan calg-rasg donn gàireachdach.

Chaidh na dùilean chùm an dùbhlain,
Dh'fheuchainn dùrachd cèairdeadh oirre.

Air a foinneadh de sgèimh ghlòrmhoir;
'S clach-iùil mhòr ghaol-thàirneach i.

Dreach an aingil, fiamh na h-ainnir,
Chuir am anam gàirdeachas.

'S ann on Reumhair fhuair mi 'n euchdag,
Phènix, eud na Gàidhealtachd.

Araichdean prìseil nam bas mìn-gheal,
'S beusach mèineil càileachdan.

Fhuaras leug air bhruachaibh Èitimh,
'S faodail cheutach àlainn i.

Leug nam foidhneul, 's fhèarr na 'n daoimean,
An gabh loinn à pàrlamaid.

Dèideag shoitheamh Èitibh is Cheathaich;
Gur neo-dhoitheamh m' àilleagan.

Beul as binne, deud as gile,
Cùl as finne fàinneachan!

Maoth mar shiris, dearg-bhermílion,
Briathrach milis mànranach.

Geal mar ìbhridh deud cruinn Dìdo,
Pàirc na spìosraidh fàileanaich!

5   Sìne Dòmhnallach à Gleann Èite

Dà lèig bhuadhach mheallach ghuamach,
Sùil as buairich' faitichean!

Ruisg neo-luaineach, 's mòthar gluasad,
Staideil suairce d' àbhaistean.

Modhail cùirteil, 's baindidh giùlan,
'S làn-bhan-diùc o pàirteannaibh.

Geug nam mìog-shùl, 's mòr mo phrìs dìot;
Fhuair mi fhìn nad phàiste thu.

Thàr mi 'n ulaidh, 's cha b' i 'm munar,
'S fheàrr na tuilleadh sàidhbhireis.

Fhuair mi mòran, mo thoil mhòr leat;
Fhuair mi òr na h-Àisia.

Fhuair mi òg thu, fhuair mi 'd òigh thu;
Fhuair mi bòidheach àlainn thu.

Mo thaip dhreachmhor shona thlachdmhor,
Mhaiseach ghlac-gheal làn-ghasta.

Aigneadh fonnmhor banail tromdha,
'S lìonmhor conn fo pàirteannaibh.

Caomhag mhaoineach, 's cha b' i 'n fhaoineag,
'S caoin ciùin faoilteach fàiltichean.

'S rèimeil rùmail ciallach grunndail,
Mo shonn sunndach sàr-thuigseach.

Beul dearg tostach, làn de shoistinn,
Nach geàrr facail eàrr-loisgeach.

Do chùl peucach òr-bhuidh peurlach,
'S ainglidh ceutach clàideagan!

'S dalladh lèirsinn sealltainn geur orr'
'S gathan grèine deàrrsadh air.

Amaladh teudach fann-bhuidh' seudach;
Cùl na gèige blàth-mhaisich!

Tùir gheal chriostail phlùr-mhìn stòite,
Cìochan taighte bàn-chraicneach.

'S sgapach glèidhteach ùirneach dèirceach,
Traisgeach beusach cràbhach i.

Coslas Vènuis, snuadh na h-Èiphit,
'S geanmnaidh eug-samhail tàlantan.

Muineal mìn-gheal glainne-thrìdeach,
Chìte fìon a' teàrnadh leis.

Gairbhe 's mìne shuas is shìos oirr',
'S donn-gheal mhèineach nàrach i.

'S briathrach sìobhalt' socair fìnealt',
Bean as mìogach fàitichean.

'S i gu tostach fìor-shaor socair,
Gun dad moit no àrdain innt'.

'S fonnmhor mùirneach ceòlmhor cùirteach,
A' gheal-ùiseil làmh-ghnìomhach.

Slàn gum faic mi fhìn mo leannan
Ann am Mùideart àrd-chreagaich.

MÒRAG

Òran-luaidh no fùcaidh, a rinn duine-uasal da leannan, air dhi dol thar fairge.

Agus ho, Mhòrag, na hòro,
's na hòro-gheallaidh

A Mhòrag chiatach a' chùil dualaich,
Gur h-e do luaidh a th' air m' aire.

Agus ho, Mhòrag, &c

'S ma dh'imich thu nunn thar chuan uainn,
Guma luath a thig thu thairis.

'S cuimhnich thoir leat bannal ghruagach,
A luaidheas an clò ruadh gu daingeann.

Ò cha leiginn thu don bhuailidh,
Mun salaich am buachar d' anart.

Dè cha leiginn thu gu cuallach;
Obair thruaillidh sin nan caileag.

Gur h-i Mòrag ghrinn mo ghuamag
Aig am bheil cuailean bàrr-fhionn.

'S gaganach bachlagach cuachach,
Ciabhag na gruagaiche glaine.

Do chùl peucach sìos na dhualaibh,
Dhalladh e uaislean le lainnir:

Sìos na fheòirneanaibh mud ghuaillibh,
Leadan cuaicheanach na h-ainnir:

Do chùl peurlach òr-bhuidh' luachach,
Timcheall do chluaise na chlannaibh.

Ò Mhòrag gu bheil do chuailean
Ormsa na bhuaireadh gun sgainnir.

'S ged nach iarr mi thu rid phùsadh,
Gum b' e mo rùn a bhith mar riut.

Aiseirigh

'S ma thig thu a-rìs am lùbaibh,
'S e 'n t-eug, a rùin, nì ar sgaradh.

Leanaidh mi cho dlùth rid shàilibh,
Is bàirneach ri sgeir mhara.

Shiubhail mi cian leat air m' eòlas,
Agus spailp den stròic air m' aineol.

Gun leanainn thu feadh an t-saoghail,
Ach thus', a ghaoil, theachd am fharraid.

Gun chuireadh air mhisg led ghaol mi;
'S mear aotrom a' ghaoir a ta 'm bhallaibh.

'S a Mhòrag gam bheil a' ghruaidh chiatach,
'S glan am fiaradh th' ann ad mhalaidh.

Do shùil shuilbhear shocair mhòthar,
Mhireagach chòmhnard 's i meallach.

Deud cailce snasta na rìbhinn,
Snaidhte mar dhìsn' air a ghearradh.

Maighdeann bhòidheach nam bos caoine,
'S iad cho maoth ri clòimh na h-eala.

Cìochan leuganach nan gucag,
'S fàileadh a' mhusga de h-anail.

'S iomadh òigear a ghabh tlachd dhìot,
Eadar Arcaibh agus Manainn.

'S iomadh leannan a th' aig Mòraig,
Eadar Mòr-thìr agus Arainn.

'S iomadh gaisgeach deas de Ghàidheal,
Nach obadh lem ghràdh-sa tarraing.

A rachadh le sgiathaibh 's le clàidhean,
Air bheag sgàth gu bial nan canan:

Chunnartaicheadh dol nan òrdnaibh,
Thoirt do chòrach mach a dh'aindeoin.

'S iomad àrmann làstail treubhach,
An Dùn Èideann, ann am bharail,

Nam faiceadh iad gnè de dhuais ort,
Dhèanadh tarraing suas rid charraid.

Mo chion a dhèanadh leat èirigh,
Do chaiptean fhèin Mac Mhic Ailein:

Gun theann e roimhe ro chàch riut,
'S nì e fàs e, ach thig thairis:

Gach duine tha 'n Uibhist 's am Mùideart,
'S an Àrasaig dhùbh-ghorm a' bharraich;

An Canaidh, an Èige, 's am Mòrar;
Rèisimeid chòrr ud Shìol Ailein!

An àm Alastair is Mhontròs',
Gum bu bhòcain iad air Ghallaibh.

Gun d' fhairich là Inbhir Lòchaidh,
Cò bu stròicich ann le lannaibh.

Am Peairt, an *Kilsythe*, 's an Allt Èireann,
Dh'fhàg iad Reubalaich gun anam.

Alastair mòr Ghlinne Comhann,
'S bragàd coimheach Ghlinne Garradh.

Mar sin is an t-Àrmann Slèiteach,
Ged a tha e fhèin na leanabh.

Dh'èireadh leat a-nall bhon Rùta,
Aontroim lùth-chleasach nan seang-each.[6]

Dhruideadh na Gàidheil gu lèir riut,
Ge b' e dh'èireadh leat no dh'fhanadh.

Shuidh deich mìle dhiubh air clèith dhuibh,
An cogadh Rìgh Seurlas nach maireann.

'S iomadh clò air 'n tug iad caithtean,
Eadar Cataibh agus Anainn.

---

6   Iarla Aontroma bon Rùta, .i. the Route ɼa cànan eile

Bha càch diùltadh teachd a luadh dhuibh,
'S chruinnich iadsan sluagh am bannail.

A rìgh, bu mhath san luath-làimh iad,
Nuair a thàirneadh iad na lannan!

H-uile clò a luaidh iad riamh dhuibh,
Dh'fhàg iad e gu ciatach daingeann:

Teann tiugh daingeann fighte luaidhte,
Dathte ruadh air thuar na fala.

Greas thairis led mhnathan luadhach,
'S thèid na gruagaichean-s' mar riuth'.

Agus ho Mhòrag, hòro,
'S na hòro-gheallaidh.

Òran do Mac Sìmid

Òran Mhorair Mhic Sìmein, ceann-cinnidh nam Frisealach, an dèis a chur gu bàs ann an Sasgainn. Air fonn "Hap me with thy petticoat".

'S lìonmhor blanc a th' againne
Am Breatainn suas ri lìonadh,
Nach dèantar gun ghnìomh chlàidhean,
Gu ceart gu bràth a sgrìobhadh;
Gur h-ann diubh ar n-àilleagan,
Àrd-àrmann sin na rìoghachd;
Mac Sìmein mòr a bhàsaicheadh,
Le pàrlamaid a' mhì-rùin.

Mo chion an ùrla bhlàth-mhaiseach,
Bha cruaidh is tlàth sna tìmibh;
A rèir 's mar bhiodh an t-àdhbhar ann,
Bu stàillinn bu phrìomh-mhèin dut;
Bu bhras ri h-uchd do nàmhad thu,
Nuair thàirnteadh na lainn lìomha;
Bu bhàidheil caoin rid chàirdibh thu,
Gun àrdan ach iriosal.

Bu bheairteach an taigh-stòrais sin,
De ghliocas còrr bha prìseil;
Seo sgar tuagh an rògaire
On cholainn chòir bha rìoghail:
Braon, da lugh'd, de thròcaireachd,
A dh'òrdaich Dia na fìrinn,
Chan eil an uchd an Fheòladair,[7]
Mac Dheòrsa ris an strìopaich.

Ò bhalaich sin Dhùn Ballaich ud![8]
Shearbh-shailleir nan cam-ghiùdan,
Gun stùr thu 'n reulta lainnireach,
O thuath bu bharrachd iùil duinn;
Ma gheibh thusa mathanas,
Nad pheacadh-brath gun sgiùrsadh,
'S cinnteach leam gun shàbhaladh,
<u>Do làn-dearbh</u>-bhràthair Iùdas.

7   *William Augustus, Diùc Chumberland, mac Deòrsa II*
8   *Uirsean Frisealach Dùn Ballaich*

D' fhìor-mhaighistir cliù-thoillteannach,
Le foill gun d' rinn thu phògadh,
Gu smal chur air foidhneulaibh
An daoimein sin dheagh Lobhat:
Och 's Iùdasach an t-slaightearachd,
A rinn thu air bhrìb òir oirnn!
Gur h-iomadh neach a dh'fhaighneachdas,
Cò 'n traoidhtear rinn an dò-bheairt.

Ò leug nam buadhan soilleire!
Fhìor-choinneal gach deagh sheanchais!
Bu lìonmhor cuibhil ghoireasach,
Chinn sgoinneil ann ad eanchainn:
Ri cogadh bha thu misneachail,
Deagh-ghibhteannach àrd-mheanmnach;
An sìth bu torrach gliocas dut;
'S b' fhìor-phiseachail do leanmhainn.

Fìor mhìre geal na cruadhach thu
Sa chruadal nach d' rinn lùbadh;
Gun dad de mheasgadh truaillidh,
Nad mhèin uasail 'n dèis na fùirneis;
Bu cho sean do bhualadh-s',
Agus suaicheantas do chùinnidh,
'S nach Crìostaidhne chuir tuairgneadh ort
Ach sluagh sin Bheilseabùba.

Ò reulta gheal na cùirtealachd!
Chinn làn de shùrd garg rìoghail;
Thug gràdh don Tèarlach Stiùbhartach,
'S bha dùrachdach da shinnsreadh;
Gun thuit thu ad mhartair cùramach,
Às leth a chrùin 's do rìoghachd:
'S d' anam glan air ùmhlachadh,
Thug thu do Dhia na fìrinn.

Gur grinn am bàs rin d' fhuirich thu,
'S a dh'fhuilig thu gu ciatach;
Gur mòr na gibhtean bunailteach,
Sèimh furasach thug Dia dhut,
Nuair liubhair thu gu furanach

Do chorp gu ghuin 's gu riasladh;
'S led chreideamh daingeann curaisteach,
Do mhuineal do na biastaibh.

Och och na leòmhainn threubhach sin,
'S na spioraid threuna chruadhach,
Nach bogaich bàs gu h-eucoir iad;
Croich, geuragan, no tuaghan:
Och 's glòrmhor glan àrd-èibhneasach!
'N aiseirigh san Diluain sin,
'S Deòrsaich 's crith le dèistinn orr',
A' rèiceil às na h-uaighibh.

'S lìonmhor caochan cùbhraidh mear,
'S bras-shiùbhlachain nad fhìon-fhuil,
Nach ruig mi leas bhith 'g ùrachadh,
Sgrìobh ùghdair sìos do fhriamhach;
Fuil Stiùbhartach a' chrùin ud,
Air a dùbladh nad chorp prìseil;
'S gach fuil as uaisle flùrana,
Gu lèir as fiù san rìoghachd.

Gur barail am measg mhucairean
Nach eil biadh mhuc san t-saoghal,
A dh'fhàgas cho lom-luchdmhor iad
'S cho sultmhor ri feòil dhaoine:
Tha Deòrsa 's a chuid uirceanan,
An dèis na mhort e dh'uaislibh,[9]
Am muineil cho garbh sturranta,
'S gur gann as urrainn tuagh annt'.

Tha sgairteachd glaodhach dìoghaltais,
Àrd dlùth mar bha fuil Àbeil,
O chreuchd nam martair cliùiteach ud,
Thig gort, is sgiùrs', is plàigh oirbh:
Air gach ball den diùraidh ud
A shuidh an cùirt gan dìteadh;
Gach fianais fhallsa dhùbailte,
Gun sgiùrsar iad trì-fillte.

---

9 A chorp air an feadainn a chaochail fa phrìosan air daib binn-bàis faiginn, chuireadh 86 daoine gu bàs. Ba ceathrar morain, dicir frich-basan, agus pianan sguibir fan àireamh sin.

Ò 's garbh a dhìoghlar fhathast seo,
Air amhaichibh nan Reubal,
Nuair thig am Prionnsa flathasach,
'S fearg-chathanach na eudann;
Le faobhar a lann crathanach,
Gun sgathar sìos gu feur iad;
Bidh croich, is teine, 's claidheamh ribh,
Gun fhoighidinn gur ceusadh.

Car deas den chuibhle bhàsmhoir-sa,
'S na fuilig àr do Chrìostaidh;
Thoir às an Èiphit sglàmhaich sinn,
Gu fonn Chanàain phrìseil;
Air neo sgrios rìgh Phàraoh-sa,
Le claidheamh, plàigh, is grìosach;
'S cuir Maois is armailt thàbhachdach,
Thoirt bàirlinn da bheir cìos deth.

Tha sinne 'n dèis ar sàrachadh,
Ar nàrach' 's mòran sgìos oirnn;
An drabhag a tha maireann dinn,
Air feadh nan càrn air sìoladh;
Le mhiad 's tha dh'fhiamh ror nàimhdibh oirnn,
Gar sealg a ghnàth sna h-innsibh:
Gun d' rinn iad tràillean grànna dhinn.
Ò Theàrlaich fair reilìobha.

Òran do Raghnall Òg Mac Mhic Ailein

Òran do Raghnall òg Mac Mhic Ailein, Tighearna Chlann Raghnaill.

Mo chion na chunnaic mi 'm chadal,
Raghnall Òg chaidh leinn do Shasgainn;
Marcach mùinte nan steud brasa,
Nach geàrr fead no srann sa bhaiteal.

Gur toigh leam an Còirneal slios-gheal,
Don tigeadh na h-airm gu sgiobaidh;
Claidheamh, gunna, sgiath, is piostal,
'S èileadh cruinn an càradh sgiobalt'.

Leòmhann guineach calma luaineach,
Tuil-bheum sgrios-mharbhach san ruaig thu;
Beithir bheumannach 'n àm fuathais,
Phas a chùrsa 'n colaist cruadail.

Fhuair thu d' fhadhairt anns na blàraibh,
Sa chruadal an cogadh Theàrlaich;
Chleachd thu adhartachd ad phàiste,
Gun sùil, de lughad, air gàbhadh.

Fàth mo mhulaid bhith às d' aonais,
Bu mhiann leam bhith faicinn d' aodainn,
Tha gun stoirm gun fhèith gun fhaoilleach;
Ùrla chruaidh an uair na caonnaig

Bu staideil neo-ghribheagach d' àbhaist,
A' gluasad gu teine do nàmhad:
Mo ghaol an ceum socair stàtail,
'S tu le sgairt a' brosnadh màrsail.

Cha robh ailis ort ri ràitinn,
Ann an cogadh ud Phrionns' Teàrlach;
Thu gun mhura-bhith gun fhàillinn,
Mur bu bheag leinn d' fhiamh sna blàraibh.

Ghabh am Prionnsa cala 'd dhùthaich,
Dh'èirich thu leis làn dùrachd;
'S nuair bhristeadh a-rìs air le bhiùthaidh,
Phill air ais gud fhasgadh cliùiteach.

Ghabh thu na phearsa chiad liubhairt,
'S gun lean thu ris rè na h-uidhe;
Thu fhèin 's do dhaoin'-uaisle dligheach,
'S thug sibh sàbhailt' uaibh e rithist.

'S ged a tha mi ann am dhùthaich,
'S beag an seo their *how do you do* rium;
'S buileach a chaill mi mo chùrsa,
Mi gun phùmp gun chairt gun stiùir orm.

Nach mì-fhortanach a' chùis seo?
Gun do dhealaich m' èideadh-cùil rium;
M' èideadh-uchd, mo sgiath 's mo lùireach;
Ann am Mùideart thug e chùl rium.

Ach car aon bhliadhna nì mi furas,
Dh'fheuch am pill mo ghaol o thuras;
Ma thig e 'n sin gheibh mi cumail,
'S nì mi cridheil fàilteach fuireach.

Nam faicinn a' tighinn m' ionndrainn,
Chiad Chòirneal a bh' aig a' Phrionnsa,
Chinninn cho aotrom ri fionn-àirc,
'S dhannsainn gun lot air rinn cuinnseir.

Tha thu garg is ciùin nad nàdar;
Tha thu mìn is garbh nad chàileachd;
'S ge sèimh farast' thu rid chàirdibh,
Tha thu 'd lasair bhuirb rid nàimhdibh.

'S iomadh falachan prìseil bòidheach,
Tha nan cilleanaibh fod chòta,
Nach nochd thu do shìolach òtraich,
Gus an tachair urra chòir ort.

'S beag iongnadh ogha do sheanar,
'N sgoilear 's an diadhaire beannaicht';
Saighdear garg am blàr nan deannal,
Buadhan mòra glic do leanailt.

'S iomadh sruthan mear làn uabhair,
A' bras-ruith throd chuislibh uasal;
B' fheudar dhut bhith làn de chruadal,
'S rìoghail an stoc às na bhuaineadh!

'S iomadh sonn a dh'èireadh suas leat,
Nam faiceadh iad gnè de dhuais ort;
A bhrosnaicheadh an airm mud ghuaillibh,
Gad dhìoghailt air luchd do thuairgnidh.

'S leat Clann Raghnaill na cuantaich,
Luchd nan spàinneach geura cruadhach;
Dol nan dàil is fearg nan gruaidhibh,
Cha bu ghealtachd fuireach uapa.

Dh'èireadh leat an t-àrmann Slèiteach,
Fiùbhaidh lasgarra nan geur-lann;
Bhiodh gu trodach lotach beurtha,
'S tric thug 'hog' air bodaich bheurlach.

Gun druideadh a-rìs ann ad charraid,
Cinneadh ùiseil Ghlinne Garradh,
Siud an laochraidh lùthmhor mheara,
Ris nach dèanadh nàimhde fanailt.

Thigeadh Clann Dòmhnaill Chinn Tìre,
Dod ionnsaigh nam beathraichean mìleant':
'S mairg a chasadh ri fraoch mìn-dearg,
Teachd len uile thoil gad dhìdean.

Dh'èireadh Clann Dòmhnaill an fhraoich leat,
O ghleannan cumhang nan aonach;
Fir gharg ghasta thapaidh laomsgair,
Nach d' rinn riamh le taise maomadh.

Sheòladh Iarl Aontrom à Èirinn,
Còig ceud deug de dh'fhearaibh treuna:
Fearg is friodh an gnùis nan treun-fhear,
Nach fàg fuigheall beum len geur-lainn.

Thig Clann Dòmhnaill an t-slèibh ruaidh ort,
Guineach ealamh ullamh gruamach;
Gur mairg a chasadh rin tuasaid,
'S iad nan armaibh ri h-uchd buailte.

Thig Clann Dòmhnaill Ros nan laogh ort,
Còmhlan sgaiteach ri h-uchd caonnaig,
Na h-aigeannaich chùmpa thaobh-gheal,
Bhuaileadh sgailc le tartar faobhair.

Thig Clann Dòmnaill Chnoc a' Chlaidheimh,
Na donn-ghallaich mheara laghach;
Fir shùrdail lùth-chleasach chathach,
'S co nimheil dhùr ris an nathair.

Thig na gall-òglaich bhon Bhanna,
Le slacanaibh dùbh-ghorm glana;
Nì iad smùis is feòil a spannadh,
Sin, is tiugh nan slògh a thanadh.

Gun tig Clann Donnachaidh gu gruamach,
Fine gasta 'n acainn chruadhach,
Nach ob cuirp is cinn a spuacadh;
'S leantalach an tìm na ruaig iad!

Màrsailidh Abaich gu h-innealt',
Mar ri chuid eile den cinneadh,
'S mun dùraig iad a-chaoidh pilleadh,
Nì iad leòn nas leòr is milleadh.

Thig gun ursgadh Clann an t-Saoir oirnn,
Sheasamh an tuasaid Chlann Raghnaill;
'S ma gheibh iad caoladh de dh'adhbhar,
Nì iad fuil nas leòr a thaosgadh.

Thig Rothaich, Rosaich, is Clann Reumhair,
Thig na Barraich, thig na ceudan;
Cha bhi Raghnall Òg na èiginn,
Nuair thig uile chinneadh fhèin air.

Cò a-nis a bhuaileas an dallag,
Air Raghnall Òg Mac Mhic Ailein?
Gur mairg a thàirneas às carraid,
'S na seòid ud mu ghuaillibh air tarraing.

Bidh tuilleadh 's a' chòir a' leum ort,
Mura h-eadraig d' fhìor-fhuil fhèin thu;
Ach 's cinnteach ma chuireas tu feum orr',
Tha do chàirdean farsaing feum-sgaoilt'.

Òran mu Bhliadhna Teàrlaich

Òran a rinneadh sa bhliadhna 1746. Air fonn "Let History Record".

'S fuar fearthainneach gach lò,
Gach oidhche dorcha doineannach;
'S tùrsach donn gach lò,
Murtaidh trom le ceò:
Ach mosglaibh suas a shlòigh,
'S ur n-airteal trusaibh chum ur cairteal',
'S cartaibh uaibh ur bròn:
Tha leug ri muir 's ri speur,
Ri bhith aig Aeolus 's aig Neptun,
'S thig gach tlachd na dèidh.

Thig soineann leis an Rìgh,
Teichidh sneachd is eighre uainn;
Fògrar dòrainn shian,
Thig solas falbhaidh pian:
Gach seòrsa de gach fìon,
Thig on Fhraing na thunnachaibh;
'S gun caisg sinn uile ar n-ìot':
Gheibh sinn tuil der miann,
'S mur nàimhde dh'fhàg sinn uireasbhach,
'S dlùth chuireas sinn ar lìon.

Ò sheanchaidhnibh nan clann,
Suas dèanaibh eachdraidh èifeachdach!
Ò sheanchaidhnibh san àm,
Glacaibh dubh is peann!
Seo a' bhliadhna chòrr,
An tilg a' ghrian le maoth-bhlàs biadhchar
Gathain chiatach oirnn;
Bidh driùchd air bhàrr an fheòir,
Bainne 's mil gun luach gun mhargadh,
Airgead agus òr.

Na gabhaibh sìth o Dheòrs',
Lur dòchas neartmhor fìrinneach,
Creidibh dian sa chòir,
Gun tig reilìobh nas leòr;
Na biodh ur dòchas fann,

Gur h-ann a rèir mar chuireas sibh,
A bhios ur buinnig ann:
Ò fuirichibh a Chlann,
'S chì sibh ur n-uil' uireasan,
Ga bhuinnig le cruas lann!

Ciod e do cheart-s' air crùn,
Ach adhaircean bhith sparradh ort?
'S co sean rid chòir o thùs,
Brìos òr-cheàird bha 'n Renfriù;
Ach bha ion-faileis ann,
De thrustar de dh'achd pàrlamaid,
A dh'fhoil an crùn mud cheann:
Ach tog seo leat nad sgèith;
An t-Uilleam rinn an t-achd-s' dhuit
Gum b' eucorach e fhèin.

Dèan aithre thùrsach gheur,
'S grad-thoir air n-ais na th' agad uat;
Dèan aithre ghuineach, 's gèill,
'S le braidhm bhruic toilich d' fheum:
Cùm agad do chuid fhèin,
'S leig uait còir an atharraich,
Gun chlaidheamh gun dad streup;
Dia, daoine 's nàdar treun,
Bidh ann an lèig mun oighr'
Thoirt dachaigh, choibhreas ceart a threud.

Craobh-sheanchais teaghlaich rìgh,
Na h-ìochdarain bidh eòlach uimp';
Craobh-sheanchais teaghlaich rìgh,
Bidh map dhith 'n iomadh tìr;
'S ma chuirear car am bi foinn',
San t-snàthainn dhìreach oighreachdail,
Gun toir fa-near an fhoill:
Ach gairmidh Dia le sgoinn,
Chum an ionaid dhleastannaich
Ceart-oighre deas an loidhn'.

Chan eil an leisgeul ann,
Ach saobhadh fann mì-dhiongmhalta;
'S i 'n eucoir shoilleir th' ann
Do neach a bheirte dall:

Mas creideamh an aon chùis,
Chionn nach d' fhuair e oideachd
Anns an teagasg a rinn Lùth;[10]
Ò nam b' e sin an càs!
Cuim' na chuir sibh shinn-seanair,
Gu mì-rùnach gu bàs?

Chan eil ur gaol dur rìgh,
Ach mar air an t-siùrsaich choitcheanta;
'S cuglach staid ur rìgh,
Cuairt thoirt da 's bhith sgìth:
Gun d' fhògair sibh a-rìs,
Ler n-iomluas sliochd a' mhartair sin,
Le ascaoineachd ur crìdh'.
'S na dhèidh sin ged thug uaibh,
Do dh'Anna crùn a sinnsearachd,
Gun phuinnseanaich sibh luath.

Ò 's caol an teud a Dheòrs'!
Air na sheinn thu gu trì rìoghachdaibh;
Gur meallt' an t-achd len chleòc
Iad thusa nad rìgh oirnn:
Tha leth-cheud pearsa 's còrr,
As faigse fuil is tagraichean,
Na thusa, san Roinn-Eòrp';
Bu leth-oireach lag cam,
Am meur boireann o na bhuineadh thu,
B' fhìor-iomallach sa chrann.

Ò 'n cullach sin Rìgh Deòrs',
Mac na cràine Gearmailtich!
'S e chàirdeas rinn 's a dhàimh,
Gaol fithich air a' chnàimh;
Gun d' fheann e sinn or bèin;
Ghlac is chreach an cealgaire,
'S gun mharbh e sinn gu lèir:
Na daoine cha leis fèin,
'S ann uime sin gur coma leis,
Ged phronnamaid a chèil'.

An leanabh nach leis fhèin,
Ged dhèanta dà leth chothrom dheth,

---

10 .1. Luther

Cha tiomaich e le phèin:
A chrìdh' gun tlus gun deur:
'S amhail sin mar thà,
Ged chuirte h-uile Breatannach
Gun mhèin gun chead gu bàs;
On nach leis fhèin am pàist',
Cha ghluaist' an neach nach b' athair dha,
Gu fàbhar no gu bàidh.

Greas ort a Sheumais chaoimh,
'S tu 's Rìgh 's as athair talmhaidh dhuinn
Fon athair nèamhaidh naomh;
Gabh tlus rid chloinn 's bi caoin:
'S o 's leat fhèin a' Chlann,
Cuir casg air croich 's air geuragaibh,
Tha reubadh dhinn nan ceann;
'S cuir do threud fo lann;
'S na leig a bhith gar geur-leanmhainn,
Feadh garbhlaich, slèibh, is bheann.

Mo chion-sa Seurlas ruadh,
Ceart oighre 'n fhìor-rìgh dhleastannaich;
Cha toir sinn duibhse fuath
Gun cuirear sinn san uaigh;
Cha dèan croich no tuagh,
Glacaireachd no creachannan,
Gu bràth ar sracadh uat;
Tha 'n diog ud ceangailt' shìos,
An caigeann ris gach anam dhinn,
Cho daingeann ri Beinn Sheunt'.

Och a Rìgh nan dùl,
Na leig-s' neart a ghnàth thar cheart;
O chòin Aon Dia ta 'd thriùir,
'S ann duit as lèir gach cùis!
Tog dhinn a' mhuc 's a cuing,
'S a h-àl breac brothach uirceanach,
Len cuid chrom-shoc thar tuinn:
'S cart gu glan *Whitehall*,
Air chionn an teaghlaich rìoghail sin,
Bha 'n sinnsreadh ann nan tàmh.

Òran nam Bodach

Òran do dhà bhodach a bha an Àird nam Murchan, a chomharraich iad fhèin le bhith a' cur ri strìopachas ann an aois an ceithir fichead bliadhna. Air fonn "Black Jock".

Càit am bheil tionnail,
No dùthchas an Albainn,
Gu breugan 's gu bradachd,
'S gu ascaoineachd earbaill?
Rir n-òigridh 's rir fleasgaich
Ged fhaodar bean earbsa,
Tha ar bodachain shèideach
Cho bras ri boc earba:
Na lodragain chèigeach,
As leidiche fiasag
Gu suirghe cho leadarra,
Bheadarach èasgaidh;
Ma gheibh iad an cothrom,
As lugh' air ar bannal,
Pòsta no saor,
Gun dèan iad an spannadh.

An t-urram air chocantachd,
'S bhrogantachd innsgin,
'S air bhraiseanachd mhogach,
Do bhodaich na tìre-s':
Gur torcanta froganta,
Logaiseach grìseann,
Na tarraichdeanaich hogach,
'S geur-bhrodach nam brìsnibh:
Nam faigheadh iad fàth,
Air nìghneig air fodar,
Le beul-mhèillearadh smùcach,
'S na h-ùrdail de shodar,
Gun dèanadh iad hograich,
Le h-ùinich 's le glograich,
Gun cheanal nan ùidh,
Ach dùisealachd bogaidh.

Gur neònach do sheann daoin',
A bhith air am buaireadh,

An càileachd air tuiteam,
'S an cuislean 'n dèis fuarach';
An sùilean air brusgadh,
Agus cus de dhroch thuar orra;
Mòran dhìth fuilt orr',
Agus tuisleadh nan cluasaibh:
Ach theirinn a' chàileachd
Bha nan àrdaibh gun ìslibh,
Chaidh cruinn a dh'aon àite,
Chur stàillinn nan ìsbean:
Ach tha seo na shàr-fhortan,
Dom ghoistidh Gilleasbaig,
Fhuair Aonghas mar phosta
Bhith brodadh a gheid dha.

Bheir seo don Chlèir oilbheum
Agus doirearaich de dh'urchaid,
Gun thuit iad air riatachd,
Fir liath Àird nam Murchan:
'S nì sgreamhail fìor-bhiastail,
Ana-miannach ro-bhrùideil
Do dh'fhear' caithte le bliadhnaibh,
Dhol a riarachadh ùislinn.
Chan fhaigh iad, 's chan iarr iad,
Gnè sois don cuid ùlaidh;
'S ann a thoill iad an riasladh,
Agus piantanna dùbailt':
Mhoire nach iadsan
A smeurte le clapa,
Gun fhòirinn den urchasg
Gun phurgaid dan aiceid.

Ciod a' bharail a t' agaibh
Air tapachan òga,
Nuair tha seann daoine laga
Nan caignibh ri pògadh?
Na nìghneagan bas-gheal,
Gan glacadh nan crògaibh;
Fo mhèin nam fear glasa,
'S nam bracairneach cròin-fhionn:
B' e siud fonn an dìombais
Fon chlìomaid bhras riatach,

Cha bhi cailleach gun sìoltachd,
Ged a chrìon i le ciadaibh;
No bodach glas ròmach,
Ged robh na sheann ruga,
Cho liath ris an ròn,
Nach e shòlas dol chuca.

Ach Aonghais Mhic Ailein,
Nan iarrte an ath-thein' ort,
'S gun urchair nad charraid-s',
Bhiodh siud dhuit na dheireas;
Gun iomaireadh tu seachdain,
Air a' ghainnead de dh'ùine,
Mum faigheadh tu fuasgladh,
Gnè luaidh no fùdar:
Bha 'n cogadh ud cruaidh ort,
Nam buaileadh do bhiùthaidh,
Air làmhach 's air cruadal,
Agus ruadh-mheirg air d' fhiùsaidh;
Gum biodh an ruaig ort,
Agus luasgan air d' anail;
Diomb is mì-mheas na gruagaich,
'S bu bhuan duit an sgannal.

Gur neònach am fonn
A thachair sna bailtibh ud,
'S mios' a chinneas druim iomair,
Na ùrlar nan claisean annt'.
'S co dàrail na seann tairbh
Ri trì-bhliadhnaich acainneach;
'S ge math feur nan Coirean,
Is seachd sona feur Fhasgadail:
Marbhphaisg air na bodachaibh,
Bhuaireadh na beartaich leoth',
Thairgeadh màl dùbailt',
'S buntaiste gearsmuin ast';
Le staoram 's le mosradh,
'S le bodradh nan tailceanach,
'S briosairneach frogaiseach,
Cochallach taplaichean.

Tha cleachdadh mì-nàdarr',
'N-dràst' anns an tìr-sa,

Na h-òigeir nan cadal,
'S na seann daoin' ri suirghe;
Fleasgaich nan torraicheam
Trom anns na leapannaibh,
'S na bodaich ri brìodal
Nìghneag sna plaidichibh:
Ach 's neònach leam fhìn iad
A strìochdadh dom bataraidh,
Len gunnaichibh grìseann,
'S gur mì-chiatach acainn orr',
Aig na gunnairibh spliasagach,
Giar-shrònach brach-shùileach,
Len cuilbhear gun urchair,
Gun chuimse nan glacaibh-san.

'S grànn' a' mhisneach do bhodach,
Dol air chogadh sna cùiltibh,
Gun a dhaga bhith cocta,
Na ghlog le cion ùillidh;
'S a chuinnsear le droch mheirg,
Teann-stopte na dhùbladh,
Le dall-phràbadh doilleir,
Gun choinneal gun chrùisgean:
Do anail droch-bholtrach,
Mar osnach air fhàilean;
'S a ghruaighean air rocadh,
Mar arcainn mairt àrsaidh;
A chraiceann cho lachdann
Ri pait nam mial-mhàgan;
'S a chàirean le ainbheoil,
Air feannadh le craimhinn.

Sibhs' a ta pòsta,
'S a nìghneagan ùiseil,
Ged a thuit dhuibh le h-òrdugh,
Bhith an taobh sin den dùthaich,
Gabhaibh uam bàirlinn,
'S bithidh sibh cliùiteach;
Na creidibh bhith sàbhailt',
Gun ur gàird a bhith dlùth dhuibh:
Tha na bodaich mì-gheanmnaidh,
Le meanmn' air am buaireadh,

Chan ath iad do sheann-mhnaoi,
Do leanaban no ghruagaich;
Gun do ghoid iad an comas
O dheichnear ar fhichead,
'S beag-iongnadh an sgonnain,
Bhith loma-làn de spiolgadh.

An urram do Aonghas,
Gu deargadh le acainn,
Gun thionndaidh e 'n todhar
Agus Ailean an t-ath-todhar:
Gur gleusta na liathanaich,
Ciabh ghlas na racanaich
Gu cur is gu cliathadh,
Chan iarradh iad eachraidh oirnn.
'S mura cuirear deagh shriana,
Ris na fiadh-steudan acasan;
'S fheudar deagh ghlasan iarrainn,
A dhèanamh is cearcaill dhoibh,
A sparrar gu daingeann
Mu chaoilt' gach cèile,
'S mu ìochdar gach caileig,
Mun toirear orr' èiginn.

Nach neònach an spiorad-sa
Chinn anns na bodachaibh,
Gun bhraon de ghnè fhìona
Gun aon *tea* ach brochana;
Gun chupachan rìomhach,
Gu fuarachadh dheochanna,
Ach a' phoit thoirt on ghrìosaich,
Agus sìneadh le lodar oirr':
Nam biodh uisgeachan prìseil,
Dol a-sìos anns na corpaibh sin,
'S beathanna brìoghail,
Dh'fhàgadh lìonta dearg tortail iad,
Bu bhrais' iad na coileach,
No buicean dearg daraidh;
'S nam bu chreutairean coill' iad,
Dhèanadh cleamhnas ri daraig.

Nach spoth sibh na bodaich,
Mun truaill iad an talamh;

Tha salann, sailpítear,
Agus nitear nan tarraibh:
Sparraibh an glocain
Seann chlochan nan stallan,
'S fodhpa feannaibh na pocain,
Len cochallaibh gearraibh;
Gu bheil iad cho bocail,
Lochdach lem ballaibh,
Gu sìolachadh bhastard,
Cho lìonmhor ri gaineimh:
Mhoire nach iadsan
A cheangail nan caignibh,
Mar thachras air saidheach
Do mhadraidh air ghasradh.

'S iomadh tè dh'fhalaicheas
A h-aodann le tonnaig,
Mus teirig a' bhliadhna,
O fhaoisgneadh ur sgonnain;
Na mnathan nan laomaibh,
A' caoineadh mum pollag,
Chionn am buinnig le faoineachd,
Airson gaol nan seann chroman.
Gur h-oillteil an taom,
Seann daoine 'n dèis cromaidh,
Am bathais air maoladh,
'S an aois air an lomadh;
Ana-mianna feòil-chlaointe,
Gan tarraing gu connan:
Le geàrr-sgithinn nach geàrr sibh
Ast' an dà bholla.

Ann am madainn ur n-aimsreach,
Gum b' ana-bith ur solas,
Nuair th' agaibh cho anmoch,
Làn dà lampa de dh'ola;
Seann daorach ur n-ana-brais,
Chan fhaodar a mholadh;
Gun theirig ur n-aogasg,
'S gun chaochail ur solaidh:
Nur tomaibh le gaoisid,
'S an aois air ur roladh;

Gun phreasaich ur n-aodainn,
'S gun dh'aognaich ur boladh;
Gun tharraing an t-aog
A sgàil air ur gnùisibh;
'S cha mhòr nach do ghearradh
Leis snàithean ur cùrsa.

Dealachadh a' Phrionnsa 's nan Gàidheal
Air fonn "Good night, an' joy be wi' you a'".

Am Prionnsa:
Mìle marbhphaisg air an t-saoghal,
'S carach baoghalach a dhàil;
Cuibheall an fhortain oirnn air caochladh,
Cha do chleachd sinn maoim ro chàch:
Tha sinn a-nis air ar sgaoileadh,
Air feadh ghleann is fhraoch-bheann àrd;
Ach teanailidh sinn fòs ar daoine,
Nuair a dh'fhaodas sinn gu blàr.

Misneach mhath a mhuinntir ghaolach,
'S gabhaidh Dia dhinn daonnan càs:
Cuiribh dòchas daingeann faoilteach,
Anns an aon Tì nì dhuinn stàth:
'S buanaichibh gu rìoghail adhrach,
Traisgeach ùirneach caointeach blàth;
'S bithibh dìleas d' chàch a chèile,
'S dùinear suas ur creuchda bàis.

Ach 's fheudar dhòmhsa nis bhith falbh uaibh,
A Ghàidhealaibh calma mo ghràidh:
Bu mhòr m' earbsa-s' às ur fòghnadh,
Ged a dh'fhòghnadh dhuinn san àr,
'S iomad ana-cothrom a choinnich
Sinn sa choinneimh bha gun àgh:
Ach gabhaidh mise nis mo chead dibh,
Ùine bheag; ach thig mi tràth.

Leasaichidh mi fòs ur call-se,
Churaidhnibh gun fheall gun sgàth;
A dhìlse dligheach rìoghail treuna,
A dhèanadh euchd ri uchd nam blàr:
'S cinn is colainn chur o chèile,
Sinn 's sibh fhèin a sgaradh fàs;
Ach togaibh suas ur misneach gleusta,
'S cuiream fhèin rur creuchdaibh plàst.

Na Gàidheil:
A Mhoire 's sinne t' air ar ceusadh,
Air dhìth cèille, sinn gun chàil:
Tèarlach Stiùbhart Mac Rìgh Seumas,
Bhith na èiginn anns gach càs;
Gur h-e sin a rinn ar lèireadh,
Gura feudar dha gum fàg:
Sinn na dhèidh gun airm gun èideadh.
Falbh 'n ainm Dhè, ach thig a ghràidh.

Ar mìle beannachd nad dhèidh,
'S Dia gad ghlèidheadh anns gach àit':
Muir is tìr a bhith cho rèidh dhuit:
M' ùrnaigh gheàrr leat fhèin os àird;
'S ged a sgar mì-fhortan deurach
Sinn o chèile, ceum ron bhàs:
Soraidh leat, a mhic Rìgh Seumas,
Shùgh mo chèille thig gun chàird.

Chaill sinn ar stiùir 's ar buill-bheairte;
Dh'fhalbh uainn ar n-acaire-bàis;
Chaill sinn ar combas is ar cairtean,
Ar reul-iùil 's ar beachd gach là:
Tha ar cuirp gun chinn gun chasan,
Sinn mar charcaisibh gun stàth;
Ach gabh thus' a ghràidh dod astar,
Dèan gleus tapaidh 's thig gun dàil.

Am Prionnsa:
Beannachd gu lèir le Clann Dòmhnaill,
'S sibh a dh'fhòirinn orm nam chàs,
Eadar eileanaibh is mhòr-thìr,
Lean sibh deònach rium gach tràth:
'S iomadh beinn is muir is mòinteach,
A shiubhail sinn air chòrsa bàis;
Ach theasraig Dia sinn air fuar-fhòirneart,
Nan con sròn-ghaoth'ch bh' air ar sàil.

'S sibh a rinn fo làimh na Trianaid,
Mise dhìon o mhì-rùn chàich:
Mo dhearg-nàimhde neartmhor lìonmhor,
Chuir an lìon feadh ghleann is àrd:
A' mheud 's a thaisbein sibh dur dìlseachd,

'S còir nach dìochuimhnich gu bràth;
A bhàrr, gur sibh as luaithe shìn rium,
Teachd air tìr san Talamh Àrd.

Na Gàidheil:
Ochan, ochan, cruaidh an dearmad,
Bhith gar tearbadh uaibh gun bhàs:
B' i 'n fhìor-èibhinneachd 's am beairteas,
Bhith gad fhaicinn gach aon là:
Bidh ar ruisg làn tiom a' frasadh;
Ar crìdh' lag-chùiseach gun chàil,
Gum pill thusa rìs air n-ais oirnn.
Beannachd leat le neart ar gràidh.

Am Prionnsa:
Ò tiormaichibh a-suas ur sùilean,
Chomainn rùnaich fhuair ur cràdh;
Bidh sibh fàs maoineach mùirneach,
Nur geàrd dùbailt mu *Whitehall*,
Nuair a bhios na Reubail lùbach,
Ri bog-chrùban feadh nan càrn,
Gum bi sibhse 'n caithream cùirte,
Làstail lùth-chleasach làn àigh.

Am Breacan Uallach

Hé an clò dubh,
Hò an clò dubh,
Hé an clò dubh,
B' fheàrr am breacan.

B' fhèarr leam breacan uallach,
Mum ghuaillibh 's a chur fom achlais,
No ged a gheibhinn còta,
Den chlò as fheàrr thig à Sasgainn.

Mo laochan fhèin an t-èideadh,
A dh'fheumadh an crios ga ghlasadh,
Cuaicheanachadh èilidh,
'N dèis èirigh gu dol air astar.

Èilidh chruinn nan cuaichean,
Gur buadhail an t-earradh gaisgich;
Shiùbhlainn leat na fuarain,
Feadh fhuar-bheann; 's bu ghast' air faich' thu,

Fìor chulaidh an t-saighdeir,
'S neo-ghloiceil ri uchd na caismeachd;
'S ciatach san adbháns thu,
Fo shranntraich nam pìob 's nam bratach.

Cha mhios' anns an dol sìos thu,
Nuair sgrìobar à duille claisich;
Fìor earradh na ruaige,
Gu luas a chur anns na casaibh.

Bu mhath gu sealg an fhèidh thu,
'N àm èirigh don ghrèin air creachann;
'S dh'fhalbhainn leat gu loghmhor,
Didòmhnaich a' dol don chlachan.

Laighinn leat gu ciorbail,
'S mar earbaig gum briosgainn grad leat;
Na b' ullaimh air m' armachd,
Na dearganach 's mosgaid ghlagach.

'N àm coilich a bhith dùrdan,
Air stùcan am madainn dhealta,

Bu ghasta d' fheum sa chùis sin,
Seach mùtan de thrustar casaig.

Shiùbhlainn leat a phòsadh,
'S far feòirnein cha fhroisinn dealta;
B' i siud an t-suanach bhòidheach,
An òg-bhean bu mhòr a tlachd dhith.

B' aigeannach sa choill thu,
Gam choibhreadh led bhlàths 's led fhasgadh;
O chathadh is o chrìon-chur,
Gun dìonadh tu mi ri frasachd.

Air uachdar gura sgiamhach
A laigheadh an sgiath air a breacadh;
'S claidheamh air crios ciatach,
Air fhiaradh os cionn do phleata.

'S deas a thigeadh cuilbhear
Gu suilbhearra leat fon asgaill;
'S a dh'aindeoin uisge 's urchaid,
No tuil-bheum, gum biodh air fasgadh.

Bu ro mhath anns an oidhch' thu;
Mo loinn thu mar aodach-leapa;
B' fheàrr leam na 'm brat-lìn thu,
As prìseile mhìn' tha 'n Glaschu.

'S baganta grinn bòidheach,
Air banais is air mòd am breacan;
Suas an t-èileadh-sguaibe,
'S dealg-ghuailne a' cur air fastaidh.

Bu mhath an là 's an oidhch' thu,
Bha loinn ort am beinn 's an cladach,
Bu mhath am feachd 's an sìth thu:
Cha rìgh am fear a chuir às dut.

Shaoil leis gun do mhaolaich seo
Faobhar nan Gàidheal tapaidh;
Ach 's ann a chuir e gèir' orr',
Nas bèire na deud na h-ealtainn:

Dh'fhàg e iad làn mì-rùin,
Cho cìocrasach ri coin acrach;

Cha chaisg deoch an ìotadh,
Ge b' fhìon e, ach fìor fhuil Shagsann.

Ged spìon sibh an crìdh' asainn,
'S ar broillichean sìos a shracadh,
Cha toir sibh asainn Teàrlach,
Gu bràth gus an tèid ar tachdadh.

Rir n-anam tha e fuaighte,
Teann luaidhte cho cruaidh ri glasan;
'S uainn chan fhaodar fhuasgladh,
Gum buainear am fear ud asainn.

Cleas na mnatha-siùbhla,
Gheibh tùilinn mum beir i h-asaid:
An ionad a bhith 'n diomb ris,
Gun dùbail da fear a lasan.

Ged chuir sibh oirnne buarach,
Thiugh luaidhte gar falbh a bhacadh;
Ruithidh sinn cho luath,
'S nas buaine na fèidh a' ghlasraich.

Tha sinn san t-seann nàdar,
A bhà sinn ro àm an achda;
Am pearsanna 's an inntinn,
'S nar rìoghalachd cha tèid lagadh.

'S i 'n fhuil bha 'n cuisl' ar sinnsridh,
'S an innsgin a bha nan aigneadh,
A dh'fhàg dhuinne mar dhìleib,
Bhith rìoghail. Ò sin ar paidir!

Mallachd air gach seòrsa,
Nach deònaicheadh fòs falbh leatsa,
Cia dhiubh bhiodh aca còmhdach,
No còmhruisgt' lom gun craicinn.

Mo chion an t-òg feardha,
Thar fairge chaidh uainn air astar:
Dùrachd blàth do dhùthcha,
'S an ùrnaigh gun lean do phearsa.

Ged fhuair sibh làmh an uachdair,
Aon uair oirnn le seòrsa tapaig;
An donas blàr ri bheò-san,
Nì 'm Feòladair tuilleadh tapaidh.

Teàrlach Mac Sheumais[11]

Air fonn "Black Jock".

Ò Theàrlaich mhic Sheumais,
Mhic Sheumais, mhic Theàrlaich!
Leat shiùbhlainn gu h-eutrom,
'N àm èigheach bhith màrsal,
'S cha b' ann leis a' phlàigh ud,
A thàrmaich bhon mhuic.
Bheireadh creideamh is reusan
Oirnn èirigh mar b' àbhaist,
Leis an àilleagan cheutach,
Shliochd èifeachdach Bhàncho:
Mo ghràdh a ghruaidh àlainn,
A dheàrrsadh orm stuirt.
Thu 'g imeachd gu sùrdail,
Air tùs a' bhatàilidh;
Cha fhroisinn aon driùchda,
'S mi dlùth air do shàilibh:
Mi eadar an talamh
'S an t-adhar a' seòladh,
Air iteig le h-aighear,
Misg chath agus shòlais;
'S caismeachd phìob-mòra,
Bras-shròiceadh am puirt.

Ò èibhinneachd ghlòrmhor,
An t-sòlais a b' àirde!
Gar lìonadh de spionnadh,

---

11   (1891) Nuair a sgaoileadh a' bratach rìoghail aig Gleann Fionnainn, agus am Prionnsa 's a chuid ceannardan gun deoch a ghabhail, chuir Ailean MacDòmhnaill, bràthair do Cheann Loch Mùideart, am Prionnsa air glùin a' bàird. Thòiric e air gabhail nan rannan aigeantach seo air ball, gun ullachadh. D'innseadh seo don dearsaiche seo fèin le Iain MacDòmhnaill à Both Sìnidh, Bràig Loch Abar, a tha fathast beò aig aois 91 bliadhna. Fhuair e fèin am piorrsachadh seo aig Mgr. Aonghas MacDòmhnaill às an Innis, air neo 'Aonghas Bàn Mac an Tighearna' mar a b' fheàrr a dh'aithnicteadh e ann am Bràig Loch Abar. Bu finn-seanair e don Alastair a tha an-diugh an ceannas Clann Dòmhnaill na Ceapaich, agus ba e seachd bliadhna deug a dh'aois nuair a dh'fhalbh e còmhla ri athair Alastair MacDòmhnaill na Ceapaich, a thuiteadh na dhèidh sin aig Blàr Chùil Lodair. Ghabhadh e creisinn gum biodh an t-òran air a dhèanamh aig a' bhàrd mu thràth; agus tha e coltach gun do rinneadh dearsachadh ar ùr air deireadh an dàrna rainn mus do dh'fhoillsicheadh an cruinneachadh ann an 1751.

Air slinneanaibh Theàrlaich,
Gun calcadh tu àrdan
An càileachd ar cuirp:
Do làthaireachd mhòrchuiseach,
Dh'fhògradh gach fàillinn,
Gun tionndadh tu feòdar
Gach feòla gu stàillinn,
Nuair sheall'maid gu sanntach
Air fabhra do ruisg.
Do ghnùis torrach de chruadal,
De dh'uaisle 's de nàire,
Nach taisicheadh fuathas,
Ro luaidhe do nàmhad:
'S mur dèanadh fir Shagsann,
Do mhealladh 's do thrèigsinn,
Bhiodh an crùn air a spalpadh,
Led thapadh air Seumas,
A dh'aindeoin na bèiste,
Leis an d' èirich na h-uilc.

Gum b' fhoirmeil leam torman
Nan organan àlainn!
'S tein'-èibhinn a' lasadh
Gu bras-gheal air sràidibh!
'S na croisean ri àrd-ghaoir,
Mhòr-Theàrlaich, ar Prionns'!
Gach uinneag le foidhneul
A' boillsgeadh le deàrrsadh,
Le solas nan coinnlean,
'S deas-mhaighdnean gan smàladh;
Gach nì mar a b' àraidh
Cur fàilt' air le puimp!
Na canain ri bùirich,
'S iad a' stùradh an àilidh,
Cur crith air gach dùthaich
Le mùiseig nan Gàidheal;
Agus sinne gu lùth-chleasach,
Mùirneach làn àrdain,
A' màrsal gu mùinte,
Àrd-shunndach mu shàilibh;
'S gann bha chuideam 's gach fear dhinn,
Trì chairteil a' phuinnd!

Rannan a Bharrachd on Làmh-sgrìobhann:

Tha "..." a' comharrachadh beàirn san teacsa, air sgàth do-leughteachd no gaisidh san làmh-sgrìobhann fhèin.

Ach ged ghabh leis na blaideirean
Glaganach bòstail,
Chuir baidean beag Ghàidheal
Trì blàir air Rìgh Deòrsa,
A dh'aindeoin am foghlaim
'S an leòsgair da chionn;
Gus na chruinnich na bh' aca
Ann am Breatainn 's an Èirinn,
Ann am Flànraidh ri gaisge,
'S Prionns Hesse ri chèile,
Gun chaill iad an spèirid
Gu leum oirnn le sunnd:
Tha seo dhuinn a' dearbhadh
Gun robh iad nan èiginn;
'S nan èireadh na Gàidheil
Lom buileach gu lèir leinn,
Gun cìosaichteadh Breatann
'S gun crùinteadh Rìgh Seumas,
Le còmhrag 's le tapadh
Luchd bhreacan an fhèilidh,
'S bhiodh Deòrsa 's a reubalaich
Tarraing a-nunn.

Gun do gheàrr sibh an lagh sin
A rinneadh le shinnsreadh,
Mar shoileas ri Uilleam
Gu Seumas a dhìobradh,
An dèis duibh Rìgh Teàrlach
glan prìseil a mhurt;
An crùn cha do mheal ach
A h-aon diubh le dùrachd,
De loidhne cheart chinntich
Fhìor-rìoghail nan Stiùbhart,
Nach do bhàsaich ur tuagh,
Ur puinnsean, 's ur cluip.
De Mhàiri 's de dh'Anna

mar chleòc a' cur sgàile
Air ur traoidhtearachd shalaich
Gun d' rinn sibh dà bhàn-righ'nn;
'S gach neach dom bu chòir bhith
Na shuidh' air a' chathair,
A thilgeil air chùl
Mar dhiùghaidh droch bhathair,
Gus an d' fhuair sibh mu dheireadh
Torc teallaich nam muc.

Tha aiceid fìor-oillteil
Nur broinn nach faigh fòirinn,
Bha aon luibh tha toilltinn
An coilltibh no 'm mòintich,
Mar tha 'n sannt a chaill còir dhuibh
Air a' ghlòir os ar cionn;
Chan eil leigheas ri fhaighneachd
Do na traoidhtearaibh mòr ud,
A nì dhaibhsan sìon cobhrach
Mur dèan traoidhtichean òir e,
Ann am boiseidibh dò-dhìl
Mu chaol-druim an cuim;
Gach cèir is gach druga
Dhiubh seo a th' aig Deòrsa,
On tha chuid fhèin is
Ar cuid-ne fo steòrnadh,
Gam brìbeadh 's gan ceannach
Le h-airgead 's le stòras
Gach neach tha gun sìon air
Le rìoghalachd shònraicht',
Gu h-àraid sliochd deamhnaidh
Sin Dhiarmaid Ó Duibhn'.

Ur Dia 's ur Creideamh
Air beagan de dh'òtraich
A bhuinnigeadh à creagaibh
De leuganan òrdha,
Gun chaill sibh air cinntinn
Nur rògraibh dur Prionns';
Ur Rìgh is ur rìoghachd
A dhìobairt air stòras,
'S ur n-anmannan prìseil

Air bhrìb thoirt do dheamhnaibh,
Bha 'n ìobairt ro dhòlach
Ge bòidheach na buinn.
Biodh amhlaidh sin dhuibhse
Mar thachair do Iùdas,
An coinneimh ur claiginn
Sibh thuiteam le sùrdaig,
Ur mionach fur caol-druim
A' sgàineadh 's a' brùchdadh,
Chionn ur treusan 's ur n-ain-dìlseachd
Dur rìoghaibh 's dur dùthaich,
Is na rinn sibh de bhùrach
Feadh gach sgùrr agus luim.

Bidh mìl' Anathèma
Is ceud Maranàta,
Mu bhathais na bèiste
Rinn Seurlas a chàineadh;
Mar sin is na Gàidheil,
Sliochd àrdanach Scuit;
Sliochd dàicheil Ghathèlus
Don d' èigheadh buaidh-làraich:
'S cò b' urra riuth' tarraing
Ann an caithream nan clàidhean,
Nuair a lasadh am meardhachd
Gu feara-loiteadh tuirc.
Na leig sibh am baiteal
Ud Lòchaidh air dhearmad,
Nuair a bha sinn ler lannaibh
Mar choirce gur searra-bhuain?
Mar sin 's an Allt Èireann
Ur *hero* triath Labhar,
A dh'fhàg Alastair euchdach
Gun spèirid gun labhairt,
An reubalach breun sin
Le rèisimeid churt'.

Sgap agus sgaoil sibh
Mar chaoraich ro mhàrtain,
An là sin Cill Saidhe
Gum b' oillteil ur sgànradh,
Gach fear 's e ruith teann

'S beul cam air gu phluic:
Bha Morair Ghlinn Garradh
'S e ruaig air Mac Cailein,
Air muin a stèid sheanga
Ga dhubhadh 's ga theannadh,
'S mura bhith i thoirt thairis
Gun do ghearradh dheth 'm pluc:
Cha d' fhàg sinn riamh duine
Gun ràbhadh fo thalamh,
De na thachair am blàr rinn
De dh'àlach Mhic Cailein:
Gum meal iad a' bhuaidh sin
Gach aon uair a thachras
Iad rinne ann an tuasaid,
Am bualadh, no 'n each-rèis,
Gura leinne bhuaidh lannach
'S buaidh pheannach an cuid-s'.

Làmh d' athar làmh d' athar,
Làmh d' athar, a Dheòrsa,
Gum faigh sinne buaidh ort,
'S bidh an tuagh air do sgòrnan,
Gun spàrr an Dia mòr thu
Ann an gaoisne thaobh d' uilc:
Bidh do chadal glè luaineach
Air do chluasaig an còmhnaidh,
Ma bhios beò-shradag suas diubh
Chan fhuaraich an gò riut,
An dà sheudar ghlan òg de
Phòr an deagh stuic;
Ged a chaisg thu do phathadh
Le fuil ar flath uaibhreach,
Bidh am fìon ud ro shearbh dhut
Nuair a phàigheas tu duais ris.
Làmh d' athar e fhathast,
A chanabail Dhuitsich,
Bidh am feòlach sin daor dhut
Mu dheireadh a' chluich
A rinn d' athair...

mo bobag an Dram

Òran bachail. Air fonn "The bucket you want".

Ho-rò mo bhobag an dram,
Ho-rì mo bhobag an dram;
Ho-rò mo bhobag an dram,
'S e chuireadh an sodan nam cheann.

Ho-rò mo ghaolach an lionn,
Ho-rì mo ghaolach an lionn;
Ho-rò mo bhobag an lionn,
'S e dhùisgeadh dhuinn urram gach fuinn.

Och och mo shòlas am puinns,
Ho-rò mo shòlas am puinns,
Ho-rì mo shòlas am puinns,
'S tu chuireadh an togail fom chuim.

Fheara nur suidhe mun bhòrd,
Lur glainneacha cridheil nur dòrn,
Na leanamaid rìghinn air òl,
Mum mill sinn ar bruidhinn le bòl.

Na tostachan sigeanta fial,
Gan aiseag gu ruige mo bhial;
Bu mhireagach stuigeadh is triall,
Am màrsal le ciogailt throm chliabh.

'S tu chuireadh na curaist' san t-sluagh,
'N àm cogaidh ri aodann nan ruag,
Gun òlamaid sgailc dhìot gu luath,
Mun sguidseamaid slacain à truaill'.

'S tu dh'fhàgadh sinn tapaidh san tòir,
'N àm tarraing nan glas-lann ri sròin,
Nuair thilgte na breacain den t-slògh,
'S à truaill, bheirte mach claidheamh-mòr.

Ge tu mo leannan glan ùr,
Cha phòg mi gu dìlinn thu 'n cùil;
Ach phògainn is dheòghlainn thu rùin,
Nuair thig thu 's Iacobus ad ghnùis.

An t-ainm sin as fèarr a ta ann,
Ainm Sheumais a chur air do cheann;
'S e thogadh an sogan fom chainnt,
'S a dh'fhàgadh gu blasta mo dhram.

Fadamaid teine beag shìos,
Na lasraichean ciùin a nì grìos;
A gharas ar claiginn 's ar crìdh',
'S a dh'fhògras ar n-airteal 's ar sgìos.

Gur tu mo ghlainneag ghlan lom,
Mo leannan is cannaiche fonn;
Ged rinneadh tu dh'fheamainn nan tonn,
Gur mòr tha de cheanal nad chom.

Ò fair a ghaoil channaich do phòg,
Leig clannadh ded anail fom shròin,
Gur cùbhraidh leam fannal do bheòil,
Na tùis agus mirre na h-Eòrp'.

Ò aisig a ghlainne do phòg!
Cuir spèirid nar teangaibh gu ceòl;
An ìocshlainte bheannaichte chòir,
A leasaicheas anam is feòil.

MARBRANN DO PHEATA COLMAIN

Marbhrainn a rinneadh do pheata coluim, a mharbhadh le abhag.

'S tùrsach mo sgeul ri luaidh,
'S gun chàch gad chaoidh,
Mu bhàs an fhir bu leanabail tuar,
'S bu mheanbh ri chlaoidh.
'S oil leam bàs a' choluim chaoimh,
Nach b' anagrach gnàths,
A thuiteam le madadh dom beus
Dòbhran nan càrn.
'S tu 's truaigh' leinn de bhàs nan ian,
Mo chràdh nach beò,
Fhir a b' iteagach miotagach triall,
Ge bu mheirbh do threòir:
B' fheumail do Naoi na càch,
'N àm bàrcadh nan stuadh;
Bu tu 'n teachdair' gun seachran dà,
Nuair thràigh an cuan:
A dh'fhidreachdainn 'n do dh'fhalbh an tuil,
Litir gach fear:
Dùghall is Colum gun chuir
Deagh Naoi thar lear;
Ach chaidh Dùghall air seacharan-cuain,
'S cha do phill e riamh;
Ach phill Colum le iteagaich luath,
'S a fhreagradh na bhial.
Air thùs, cha d' fhuair e ionad da bhonn
A sheasadh e ann,
Gus do thiormaich dìle nan tonn,
Far mullach nam beann:
'S an sin, an litir sin leugh an duine bha glic,
Gun thiormaich a' bhailc,
'S gum faigheadh a mhuirichinn cobhair nan teirc',
Agus fuasgladh nan airc.
Le neart cha spùillte do nead,
Ged a thigte dod shlad;
Bhiodh do chaisteal fo bhearraibh nan creag,
Ann an daingnichibh rag:
Bha do mhodh-sìolaich air leth o chàch,

Cha togradh tu suas,
Ach a' durrghail an taca rid ghràdh,
Cur cagair na cluais.
Cha do chuir thu dùil an airgead no sprèidh,
No fèist am biodh sùgh,
Ach spioladh is criomadh an t-sìl led bheul,
'S ag òl a' bhùirn:
Aodach no anart, sìoda no sròl,
Cha cheannaicheadh tu 'm bùth;
Bhiodh d' èideadh de mhìn-iteacha gorm,
Air nach drùidheadh an driùchd:
Cha do ghabh thu riamh paidir no creud,
A ghuidh' nan dùl;
Gidheadh, chan eil d' anam am pèin,
O chaidh tu nunn.
Chan e gun chiste no anart bhith còmhdach do chrè,
Fo lic anns an ùir,
Tha mise, ge cruaidh e, 'n diugh 'g acain gu lèir,
Ach do thuiteam le cù.

Marbrann na h-Aigeannaich

Marbhrainn Màiri nighean Iain mhic Iain, don goirteadh, an Aigeannach. Air fonn Pìobaireachd.

Tha mi cràidhteach tinn
'S Màiri ghrinn bodag;
An t-eug air a toirt dhinn,
A-nis dinnt' fo chlodaibh;
'S iomadh feara-bhall chinn
Cearclach fèitheach slìom,
A thìodhlaiceadh nad chill,
'S cùl do chinn air fodar.

'S ann agad fèin bha ghibht
Eadar dà bhigh do chos;
Gur lìonmhor fleasgach glic,
Bu rinn-chruaidh bliochdach dos,
Chuireadh air bhalla-chrith tric,
Le clach-bhalg cruinn fo bhrot;
'S d' anail ri each cho brisg,
An galla-chrann gnìomh na throt.

'S ann agad fèin tha pheisg,
Chinn mòr le sgreib nan clap;
Le ciogladh bhod rid sgeig;
'S le fìor bhleith ghreadan shlat:
Nad cheal gur minig theich,
Crann mòr le stadh 's le bheairt:
Trì cheud uair gun sgreig,
'S gun d' fhail do gheid 's gun mhalc.

'S ann agad fèin tha 'n eig,
Gann òirleach bheag od noig;
Le ball cho rag ri creig,
Chuireadh long bheag air flod:
Dà fhichead bliadhn' mun theist
Gun bhreòth do chroit 's gun ghrod;
Gur iomadh fear a cheig,
'S a bhrod le cead do noig.

An togarrach gheal-dhonn,
Nach robh crom no paiteach,

An tric do mhoglaich sgonn,
'S paidhre lom de chlachaibh:
Nuair a dhùisgte d' fhonn,
Ge b' ann air sgàth nan tom,
Gum biodh mu thàrr do bhronn,
Galan ronn ga shradadh.

Gun sgrìobhar d' airm gu glic,
A-sìos air do lic gun stad,
Dà bhrill nan crois air pit,
'S magairle sic nan glaic:
Air *field* do phlaide bhric,
Chinn tiugh le stiorc-luadh chas:
B' e 'n dol gun rath gun sliochd,
Bhith cur deagh shil nad chlais.

'S iomadh òigear bà,
Ann an àird a shogain,
A shàth a shleagh nad ghàig,
'S a ghrad-fhàg nad lod' e;
Leis am b' fheàrr am bàs,
Na dol a-rìs nad dhàil,
Eagal gun grad-bhàtht' e
Am measg plàigh do rocan.

Sùilean an àite nam bod,
Umad a' sileadh mu seach;
Basan an ionad nan cloch,
A-nis gad phostadh, mo chreach;
An uaigh an t-ionad a nochd,
Bhith nis ga cladhach 's ga treach;
An spaid an ionad nan stob,
B' àbhaist nad shloc dol a-steach.

'S iomadh lasag chruaidh
Bhiodh mum luaidh-sa 'n Uibhist;
Eadar Seile bhruach,
Bun nan Stuadh 's Loch Uthairn;
'S brath bhith ac' Diluain,
Bhith gad chur san uaigh:
Banaltram bhod cruaidh;
Fìor chliath-luaidh nan triubhas.

Taing do Chlann IllEòin
Rinn cosg mòr rid fhalair,
Chuir tharad dà chloich mhòir,
Agus fòd den talamh:
Na h-eòlaich rinn a' chòir,
Am pòr bu toigh leat beò,
A chuir mar chòmhdach còrr,
Air muin cèis chòir nan tàrr-iall.

'S mis' th' air mo bhioladh a-nochd,
'S mo chrìdh' ri eun-bhualadh lag;
Ri gul 's ri cionar gu bochd,
Fo sprochd, le iomnaidh gun stad,
Mun togarraich dhuinn dol san t-sloc;
'S fuar-phloc a' cùmhdach a taisg;
Don chinneadh shàr-bhuailteach le h-og
Sgleogadh pit bhog le sod mhag.

B' fheàrr gum bithinn-sa 'm chrùban,
'S mi air cùl do chiste;
Leiginn fann-ghlaoidh thùrsach,
'S bhiodh mo shùilean silteach:
'N àm bhith dol don ùir ort,
Sheanchaisinn mo rùn-sa,
A-mach à teaghlach Mhùideart,
Culaidh rùsgadh phiostal.

Crotag de dheireadh do stoc,
Ga cnagadh le faircheadh cruaidh rag;
Le loinid do sheileir bhiodh sgop
Copte gud imleig le glag:
Chluinnte fead-ghaile le glog;
Rumaladh brilleagach nad lag:
B' e d' organ ceòlmhor an gog,
Nì mealgradh sprilleagach do chnag.

Moladh air Deagh Bod

Tha ball-ratha sìnte riut
A choisinn mìle buaidh,
Sàr-bhod iallach acainneach,
Rinn-gheur sgaiteach cruaidh,
Ùilleach fèitheach feadanach,
Làidir seasmhach buan,
Beòtha treòrach togarrach;
Nach diùltadh bog no cruaidh.

Tinneas na h-Urchaid

Air fonn "Tha mi fhìn suarach mu ghruaman an t-seann duin'"

Gu bheil tinneas na h-urchaid,
Air feadh Àird nam Murchan,
Ri sìor-ghabhail phurgaid,
Chuir turraraich nan ceann orr'.

Na fir làn den ghalar,
Gu ruig an smior chailleach;
Am feara-bhuill air faileadh;
Grad-chaillidh iad feann ris.

Na mnathan air sgioladh,
'S an àirnean air sileadh;
An clap air am milleadh;,
'S am brilleana feannta.

An Cogais gan criomadh;
'S am mionach gan sginneadh;
An sùilean gan dinneadh;
'S am binid air teanntadh:

An cridhe ga bhioradh;
'S an tilgeadh ga shireadh
'S an laigse ga philleadh
Gu minig dan anntoil.

Teudan is gusgal,
Gan tarraing om busaibh;
'S am mèillean ro ruiteach,;
'S am pluicean làn sleamhnain:

An craiceann ga sgreagadh;
'S an earrach air peasgadh;
Mùir ghàgach làn teasa,
Mar ghreadadh na feanntaig.

Thig oirbh easlaintibh coimheach
Bolgach, plàigh, agus cloimhein;
Gur sgrios is gur clomhadh,
Mar eich bhrothach bhios seanndaidh.

Marbrann Rìgh Teàrlach le Montròs[12]

(Air eadar-theangachadh às an t-seasamh)

A Thì mhòir, mhaith, cheart!
Nach b' urrainn mise luach,
Mo bhròna fèin,
'S do dhàna geur an-truagh-s',
An saoghal ghuilinn
Le caoidh, 's le tuireamh cruaidh,
'S a dh'ath-tharrainginn tuil
Thar mullach bheann is chruach:
Ach o 's mò tha teang'
Àrd-fhaclach d' fhal' ag sgairt,
Air làmhan Bhriariuis,
Na sùilean Arguis thais,
Caismeachd d' fhalaire seinneam
Le fuaimnich stoc,
Sgrìobham do mharbhrainn
Le fuil chreuchd-dhearg nan lot.

---

12 Great, good, and just, could I but rate
    My grief with thy too rigid fate,
    I'd weep the world in such a strain
    As it should once deluge again:
    But since thy loud-tongued blood demands supplies,
    More from Briareus' hands than Argus' eyes,
    I'll sing thine obsequies with trumpet sounds,
    And write thine epitaph in blood and wounds.

Ùrnaig Montròis an Oidche ro Bàs[13]

(Air eadar-theangachadh às an t-seasamh)

Air gach beannaig
Cuireadh iad dhìom cnàimh,
Mo chuislibh sgaoileadh iad,
'S gum faodainn snàmh
Dod ionnsaigh-s', Chruthaidheir mhòir,
San lochan rò-dhearg làn-s',
'S mo cheann leth-bhruicht'
Air bàrr àrd-stuib biodh sàtht';
Sgapadh iad mo luath,
San adhar fhuar na stùr:
Dhè o tha fios agad
Far bheil gach dadmann dhiubh,
Tha mi 'n làn-dòchas
Gun tiomsaich thu fòs m' ùir,
'S am measg do shluagh
Gun tog thu suas mi 'd chùirt.

---

13   *Let them bestow on every airth a limb,*
     Then open all my veins, that I may swim
     To thee, my Maker, in that crimson lake,—
     Then place my par-boiled head upon a stake;
     Scatter my ashes, strew them in the air,—
     Lord! since thou knowest where all these atoms are,
     I'm hopeful thou'lt recover once my dust,
     Am confident thou'lt raise me with the just.

Uirsgeall Montrois air Beulaibh na Pàrlamaid

(Air eadar-theangachadh às an t-seasamh)

'S ged dh'fhàgadh Dia mo chorp,
'N an-mheudachd chòrr,
'S gun gearrteadh na mìle millean
Pìosa, m' fheòil,
Às leth mo rìoghachd,
Bhith ga dìon sa chòir;
Gum b' e mo mhiann,
Mo roinn am mhìribh beò,
Air bàrr gach stìobla,
'S chroisean cian na h-Eòrp'.
Dh'aindeoin mì-rùin,
'S fuil-ìotach dian luchd-gò,
Thèid m' anam prìseil
Suas gun phian gu glòir.

An Àirc

Òran air aisling a bhruadair duine-uasal àraid, gun robh tuil ri tighinn thairis air Siorramachd Earra-Ghàidheal, airson iad a dh'èirigh, &c. Agus 's e as ainm don òran, an Àirce. Air fonn "Tuiteir Ìle b' ainm don fhear".

'N dèidh dhomh tuiteam ann am chadal,
Chunnacas aisling chuir orm cùram:
Guth gam mhosgladh suas gu sgairteil,
Dol air theachdaireachd nuair dhùisginn.

'S ged chaidh mi 'm shuain gu h-òrdail,
Mar bu chòir don h-uile Crìostaidh,
Chunnacas bruadar de dh'ion bòcain,
Chuir air bhall-chrith m' fheòil 's m' fhiacla.

Gur h-e am *Brigadier* Caimbeul,
A mharbhadh an adhbhar Rìgh Seumas,
A shumain mis' a-raoir am chadal,
Dol air theachdaireachd nuair dh'èirinn.

Dh'earb e rium esan a ruighinn,
Alastair cridhe lean deònach,[14]
Ri *standard* sin Phrionns' Tèarlach,
Dh'fhuilngeadh bàs às leth na còrach.

Fear Àird Sliognais an t-àrmann,
Tha mi 'g ràdh, 's cha neach eile,
'S ged shiubhail thu 'n Eòrp' 's an Àisia,
Fhir tha 'm chlàistinn chaoidh na ceil e.

Dh'earail an guth-labhairt ris-san,
A chlisgeadh fios chur air saoraibh,
Dhèanadh gun fhàillinn deagh àrdrach,
Ron tuil ghàbhaidh bha gu taosgadh.

Is amhail seo a labhair mise,
Gun gnè chur ris, no thoirt uaithe;
Dh'earail mi air gu geur sgairteil,
Dol mun teachdaireachd ri luathair.

---

14   Alastair Caimbeul à Àird Shiognais

Agus amhail seo thubhairt an guth:
A Naoi Chaimbeulaich an àigh,
Dèan àirce dhuit fèin a bhios pailt;
Sàbhail do theaghlach gu luath,
Tha 'n tuil-ruadh a' teachd air n-ais.

Cha ruig i leas a bhith ro mhòr,
'S na biodh i idir beag;
Ceithir cheud làmh-choille 's a dhà,
'S biodh i cho làidir ri creig.

Saor o theaghlach Loch nan Eala,
'S càil eile de dh'fhearaibh còire,
Na leig duine steach san luing-s',
A ghabh unnsa dh'ionntas Rìgh Deòrsa.

Paidhir de gach seòrsa 's fèarr,
Às gach meur a chinn od stoc,
Thoir cuide riut anns an Àirce,
Tha muir-bàite ri teachd ort.

Na Gàidheil lem b' ainneamh bhith rìoghail,
Chan eil mìothlachd againn riutha;
Ach sibhs' dam b' àbhaist bhith dìleas,
Thoill sibh cìs thoirt dhibh, 's ur bruthadh.

Tog ded mhobhsgaid, 's cuir ort sùrd,
Air Àirc ùr a dhèanamh suas;
Thig an tuil-bheum seo cho cas,
'S a thig fras à faoilleach fuar.

Tha dìoghaltas le guth àrd,
Mar bha fuil Àbeil san speur,
Ag ùrnaigh 's ag iolach gu h-àrd,
Gort is plàigh theachd air gach crè:

Air gach crè a dhearg a làmh,
Anns na rinneadh oirnne bhruid,
De chreachadh, de losgadh, 's de dh'fhairgneadh,
'S cha chall leinn marbhadh, ach murt.

Thig seo cho cas ri beum-slèibhe,
Sgrothaidh e leis gach nì thachras;

Gach neach a tha gu smior na reubal,
Lomaidh e geur o na clachaibh.

Bàrcaidh an tuil nuair nach saoil thu,
'S math a dh'fhaodte gur h-ann an diugh;
Tàr leat do dhìlse 's gach caraid,
'S Bàrr na Carraigh fàg a-muigh.

Na tugadh dìochuimhn' no mobhsgaid
Ort Loudon fhàgail an dearmad;[15]
'S fear eile nì mach am paidhre,
Ge bu thraoidhtear gheibh e tearmad.

Thoir dhachaigh Dùghall is Iain,
'S gach fear tha dligheach dhut teasraig;
'S de gach teaghlach eile càraid,
Gu modh-sìolaich fhàgail beitir.

Na toir neach air bòrd dod leastair,
Ach pòr de fhleasgaichibh calma;
Na leig gnè eunlaith a-steach ort,
Ach gu teachdaireachd dà chalman.

Ceangail cù, cat, is clach-mhuilinn,
Mu mhuineal burrail Mhic Nìbhein;
Tilg a-sìos e le neart cuideim,
An craos sluganach na dìleann;

Air neo, mas e do thoil fhèin e,
Cùm e agad gu feum fithich;
'S biodh e cuide ris a' chalman,
Gun cuirt' air falbh iad nan dithis.

Cùm ri Sir Donnchadh an caban,[16]
'S buin gu còir ri Inbhir Atha;
'S o bhios tu pailt de dhibh Fhrangaich,
Cùm gun taing riuth' casg am pathaidh.

Ma thàras tu fear Choire Chunna,
Na fàg fo chunnart nan tonn e;
Thoir air bòrd a-steach an duin' ud,
'S buin ris urramach neo-lombais.

---

15   Iain, Ceathramh Iarla Lughdain.
16   Sir Donnchadh Caimbeul à Loch nan Eala.

Ma dh'fhairicheas tu Caiptean Donnchadh,[17]
Am measg an tromlaich gad ruighinn;
Gad atach ag iarraidh bùird ort,
Cuibhil le sùrd a-steach nad chridh' e.

Gach aon duin' eile den teaghlach,
Na bi meadh-bhlàth riuth' nad chridhe;
Thoir dhoibh teine, leaba, 's àrdach,
Deoch is fàilte, 's mòran bidhe.

Tha 'n saighdear agus an Crìostaidh,
An aon phearsain ghrinn sa Chaiptean;[18]
'S de phongaibh rìoghail cho luchdmhor,
'S chaoidh gun tuit e air a thapadh.

Tha e cho mòthar ri maighdinn,
Sìobhalta coibhneil gun ghaiseadh;
Gun chaise gun bhraise gun sroighlich,
Làn de sgoinn ri uchd na gaisge:

Tha e dìreach rìoghail rùnach,
Tha e fiùghantach gun stròdh ann;
Tha e cuimseach glic na ghiùlan,
Flathail cùirteil gun ghnè mhòrchuis:

Tha e mèineach iochdmhor bàidheil,
Tròcaireach càirdeach làn ath-truais;
Guineach ri nàimhde sna blàraibh,
Gus an tàradh e fo smachd iad;

An sin thaisbeineadh e thròcair,
Do bhochdaibh fògarrach gach àite,
Cha chuireadh e 'n gnìomh an t-òrdugh,
Bha on Fheòladair na phàitinn:

Beannachd nochd is bhochd sin Mhùideart;
Beannachd gach dùthcha nad chuideachd,
A bhrìgh nach do chuir thu le dòlas,
Sean no òg dhiubh chùm na h-uideil:

---

17   Caiptean Donnchadh Caimbeul à Inbhir Àtha, a chaochail ann an 1758 mar thoradh air lotan a fhuair e aig Ticonderoga.
18   Caiptean Donnchadh Caimbeul, a bha na oifigeir seo am Freiceadan-baile Dùn Èideann.

Uime sin, Alastair ghaolaich,
Gabh an caomhanach-s' nad àrdraich;
'S gach aon duin' eile de dhaoine,
Feuch dhaibh aoighealachd is càirdeas.

An t-eitean glan fìrinneach brìgheil,
Gun mholl gun ghiamh gun rùsg càtha;
Claidhean cho cruaidh sgaiteach rìoghail,
'S a thàirnteadh gu gnìomh le Teàrlach.

Chan fheum iad leigheas no urchasg,
No 'n cur am purgadair sàile:
Cho saor o choire nan traoidhtear,
'S ged bheirt' iad a-raoir lem màthair'.

Tighearna nan Àrd ma chasas[19]
E riut, 's e 'g aslachadh dìdein,
Tha e den t-seòrsa gun truailleadh,
Nach robh fuar don Teaghlach Rìoghail.

Thoir dhasan ionad cho taitneach,
'S a bhios agad anns an Àirce;
Biadh is aodach, 's mòran dibhe;
Giullaich gu h-inich do chàirde.

Sgibinis ged robh gad fhaighneachd,[20]
Ri grìosadh coibhneis, 's e gal riut;
Tearmad no iochd cha do thoill e,
Na bi 'm foill da, thoir dha salann.

Ceangail bolla-lìn mu mheadhan,
Bheir pian dha 's dligheach da choire;
'S nuair bhios e de phlubraich curraidh,
Slaod leat gu h-ullamh a-staigh e.

Cùm a-mach fear Chnoc Buidh',[21]
'S guidheam ort na leig a bhàthadh;
Ceangail gu daingeann ris bùidh,
Bheir snàmh dha 'n uidheam a' chrà-gheòidh.

---

19   Dòmnall Caimbeul nan Àrd.
20   Cailean Caimbeul à Sgibinis, a chaochail ann an Àrd Fionn, Diùra, 11 Siblean 1756.
21   Cnoc Buidhe, Taob Loch Fìne

'S nuair a nighear às ana-blas Deòrsach,
'S an fhairg' air a leòn 's air a mhiotadh;
Spìon a-steach e, 's thoir dha còirdeil,
A bheir beò e 'n dèis a shliobraich.

Bidh taigh Chaladair an dòchas,
Gun leig thu air bòrd gu lèir iad;
O tha 'n cogais teann gan sgròbadh,
Nach e Deòrs' an rìgh ach Seumas:

Ach coinseanaicheam thu le h-òrdugh,
An Rìgh mhòir don còir dhut gèilleadh;
Tilg a-mach iad uil' air fleòdradh,
'S àrcan mòr fo chòrr an sgèithe:

Biodh sin mar phurgadair aca,
Gan glanadh 's gan cartadh on òtrach;
An sin nuair sgùrar iad om peacadh,
Thoir gu caomh a-steach air bòrd iad.

Southall, fear-ainneart nam banntrach,[22]
Nan dìlleachdan fann 's nan deòraidh:
Ìobair suas air altair Neptun,
Air son a chreachan 's a dhò-bheart.

An Dòmhnallach Ìleach, an rasgail,
An glagaire fada bòstail:
Thoir urchair dha chùm an aiginn,
Gu leaba-chadail nan sòrnan.

Mac Dheòrs' Òig, ged thuit e 'm peacadh,
Le ìmpidh prasgain 's le gòraich:
Leig plumadh dha chùm an aiginn,
'S thoir gu grad a-steach led ròp e.

Spàrr Aisginis ann an tuba,[23]
'S fàg e fo luidreadh an anfhaidh;
Biodh e 'measg nan tonn air uideal,
Gus an caill e chuid den ainteas.

22   Donnchadh Caimbeul à Southall
23   Beirear Clann Iomair air Clann Caimbeil Airginis uaireannan, leis gu beil iad de fhiodh Iomair mic Donnchaidh, Tigearna Loch Atha. Cuimich meur den teaghlach seo ann am Bràigh Loch Abar, agus teirear Clann a' Slappaic riutha an sin. Thatar gan aithneachadh mar 'Lèine-chrios Mhic Mhic Raghnaill' bho linn cnocadh nan con.

Glac air làimh Iain bàn na Coinneil,
Mo dhìlsean coinnealach gràdhach:
Thoir dha biadh is deoch is coinneal,
Bobhl' agus glainne sa chàban.

Richardson, grad-thilg thar stoc e,
'S tric a thog dhuinn tosta Thèarlaich;
Ach on shleamhnaich e na chreideamh,
Ascaoin-eaglais air a' mhèirleach.

Ma thig a' bhana-bhàrd nad lìonaibh;
Òstag mhì-nàrach an Òbain,
Ceangail acair rith' de bhrandaidh,
Gu bhith toirt dram do na rònaibh:

Ach ma chinneas i na h-Iònah,
'S a slugadh beò le muic-mhara:
Gum meal i a cairtealan feòlain;
Ach a sgeith air còrsa Chanaidh.

Cuir adhastar ri fear Chruachain;[24]
'S le lunnaid cuir buarach mu chasaibh;
Leig fodha sìos gu dhà chluais e,
Gu glanadh an truaghain pheacaich.

Ge toigh leam Cailean Ghlinn Iubhair,[25]
B' fheàrr leam gum b' iubhar 's nach b' fheàrna;
O thrèig e nàdar a mhuinntreach,
'S gann a dh'fhaodar cuim thoirt dhàsan:

Cuir boiseid de dh'ionntas Rìgh Deòrsa,
De smior an òir mu theis-meadhan;
'S ìobair e Neptun; ge searbh leam,
Mur grad-ainmich e 'n Rìgh dligheach;

Ach ma dh'aidicheas e pheacadh,
Bhith cur às da rìgh 's da dhùthaich,
Cuir ball chuige mach mar theachdair';
Spìon a-steach air bàrr an t-sùigh e.

---

24 Caiptean Dùghall Caimbeul à Cruachan.
25 Cailean Caimbeul à Gleann Iubhair, a chaidh a mharbadh ann an Coille an Leitir Mhòir, san Apainn, 14 Cèitean 1752. Bha e na bhàillidh air oighreachdan arfuntaichte, agus rinn Donnchadh Bàn marbhrann dha.

Inbhir Easragain, am fleasgach,[26]
Bha e leisg air dad de thrioblaid;
Thoir dhasan tumadh le beadradh,
'S a-chaoidh na toir cead a ribeadh.

Eadarlinn na cùm ris pàrladh,[27]
Biodh snàmh aige no na bitheadh:
Ùp a-mach gu grad led làimh e,
Thoir dha ànradh 's bàthadh righinn.

Ach ma leughas tu aithre neo-chealgach,
Gun dearmad na ghnùis a' soillseadh
Thoir dha teasraiginn is tearmad,
Ged nach e gu dearbh a thoill e.

Mac a' phrobhaist Donnchadh an daormann,
Tilg a mach an craos na mar' e;
Na toir dha cothrom no baoghal,
A theasraigeas don daoidhear anam.

Breab a-mach an trùilleach Melbhin,
Mar gum pacte cù gu sitig;
Na leig ròp no ball na charaibh,
Air 'm bi dula, sgar, no sgitig.

Lachann dubh ud Bhaile Ghrogain,
'N do chinn làn crogain de phuinnsean,
Gun phàrladh iomain gu stoc e,
'S tilg sa bhàrr-roc e le tuinnseadh:

O chaill e càirdeas gach tìre,
'S gach Crìostaidh rìoghail air thalamh,
Na toir fairge ghlas is tìr dheth:
Dèan ìobradh do Rìgh na mara:

Guma luaithde ruigeas e 'n grinneal,
Ceangail clach-mhuilinn mu sgòrnan,
Cù, cat, nathair, agus sionnach,
Gu comann a chumail gu pòit ris:

Clann Chamshroin agus Clann Fhionghain,
Òlaidh gu h-ionmhainn a mharbh-dheoch,

---

26   Cailean Caimbeul à Inbhir Easragain.
27   Cailean Caimbeul à Eadarlinn

Bhrath e na cinn-fheadhna thlachdmhor,
Nach bu tais ri uchd nan garbh-chath:

'S cinnteach bidh a bhràthair Iùdas,
Gu h-ùiseil an uchd Àbraim,
Ma ta dòchas aig an sgiùrsair,
Anns a' chùirt ud a bhith sàbhailt'.

Tighearna na h-Oitrich b' olc e;[28]
Cha robh ann ach poca-puinnsein;
Thoir purgaid shaidhbhir dha den t-sàile,
Is sgob gun dàil a-steach nad luing e.

Donnchadh buidhe Mac an Aba,
Bha e lag-chùiseach na chàirdeas,
'S mura bitheadh dhuinne beagan,
Cha bu leisg leinn thu ga bhàthadh:

Ach de thoradh an t-seòrsa dem bheil e,
'S gun ionnsaicht' oilean na b' fheàrr dha;
Thoir den uisge shaillte leòr dha,
'S tarraing beò a-steach don Àirc e.

Ach a' Chrosain chionn a chrostachd,[29]
Ceangail air bhod ris an luing e,
'S nuair bhios e rèiceil 's ag osnaich,
Slaod a-steach am poca-puinnsein:

Ach mur sguir e 'n sin de chrostachd,
'S mura h-òl e tosta Thèarlaich;
Spàrr gu daingeann ann am poc e,
'S tilg a-mach thar stoc am mèirleach.

Caiptean Donnchadh Mac a' Bhiocair,
Na fàg am measg nam bàrr-roc e;
Tùm gu ciùin gu àit' a' chrios e,
'S thoir a chlisgeadh steach air sgroig e.

Ach a' Mhuilinn, tilg san fheamainn,
Gu dèanamh do Neptun ceilpe;
'S mur sluig e na gheibh 'n t-sàile,
Sìor-chùm ris an daoidhear *kelty*.

---

28 Iain Caimbeul na h-Oitrich, a chaochail 27 Sultain 1763.
29 Caiptean Dùgall Caimbeul Ach a' Chorain.

Mar sin agus Noble gocach,
Am poca-croite bhios aig Iùdas;
Ge toigh led chàirdibh a' phlàigh ud,
Leig fo shàil e le sàr-sgiùrsadh.

Ma chì thu 'n rìoghalach dìomhair,
'S e fuireach gu cian an uachdar;
Ma sgairteas e 'Dia 's Rìgh Seumas',
Spìon le teumadh steach air ghruaig e.

Leigeam fo bhinn do mhòr-thròcair,
Gach crè tha beò ann ad dhùthaich;
Ach cuimhnich, fàg sa chomann rònach,
Gach reubal Deòrsach nach tionndaidh.

Gabh-sa mu thimcheall do ghnothaich,
Gun mhoille gun choimhearsp gun fhàillinn;
'S mar a dh'àithn am *Brigadier*,
Air chionn na dìleann dèan àirce.

Gheibh thu cùirt is mòran cliùtha,
'S bidh tu buidheach air a dheireadh;
Faigh iarrann, teàrr, is buill o Ghallaibh,
'S dèan Àirc de dharach Loch Seile.

Rannan a Bharrachd on Làmh-sgrìobhann

Aora mhialach nan cat,
Air dhealbh nathrach 's a grunnd fuar,
Nuair thig Tòmas le chuid each,
Bidh là nan creach mud bhruaich.

Thig seann fhàistinnean gu teach,
Bheir a' chuibheall car mun cuairt,
Na tha ìosal bidh gu h-àrd,
Fear eile gu làr gu luath.

Thig claidheamh, tein' agus càs,
Tuil-bheum sgriosach bhàiteach bhuan,
Air gach seòrsa sluaigh is caorach,
Eadar Aora 's Uisge Chluaidh.

Bidh d' inbhir 's do ghlinn an staid chruaidh,
Lasair ruadh a' gualadh stiall,
Frasan teine tolladh sgamhan,
Pìob is canain feannadh chiad.

Na prionnsach' cho cruaidh ri creig,
'G èirigh air an corra-biod,
Ri stèiceadh lag toirt orr' glag,
Air meud am buig.

[...]

Thig plàighean na h-Èiphit gu lèir
O speuraibh 's an talamh gur murt,
Cuid eile dhibh leum far chreagaibh,
Mar a thachair don treud mhuc.

[...]

Dhol chur nan Guibhneach nam faicill,
Gun robh cruaidh-bhreitheanas oillteil
Ri teachd orr' às leth am peacaidh,
An cuid creach 's an cleachdadh treusain.

'S gur beag nach b' aithreach le Dia
Gun do ghin e riamh am pòr,
Dream a thrèig an Dia 's an rìoghachd,
'S a rinn ìodhal den cuid òir.

[...]

Cha tàinig duine od fhriamh,
A shìolaich o bharan chùiphochd,
Saor o bhuillsgean Loch nan Eala,
Mur faigh carraid gum faigh croich.

Sibh fhèin as coireach rur dìteadh,
A thrèigsinn ur rìgh 's ur dùthcha,
Nuair dhìobair sibh Dia 's an fhìrinn,
'S oighre glan lìneach Rìgh Stiùbhart.

[...]

Mu mhnathaibh, cha tig iad nad charaibh,
Chan eil cunnart orra 'n-dràsta,

Aiseirigh

O nach nàdarra dan seòrsa
Èirigh le Deòrsa no Teàrlach.

[...]

Gun tròcaire cuirear às daibh,
Lannar às iad le reachd àraid,
Gu h-àraid Herod Iudea
Sgrios clann Bhetheil sireadh Theàrlaich.

[...]

Tomhais agus cuir ri meidh iad,
An dias as cudamaich dhiubh tèarainn,
Mur faigh thu cuplachadh ceart diubh,
Leis a' chraiceann leig an t-earball.

[...]

Ach a' Chrosain 's Ach a' Mhuilinn
Fàg aig an tuil iad gan stìopadh,
Gus an caill iad an cuid salainn
Fhuair iad à saille 'n sinnsreadh.

Tilg mac probhaist Donnchadh san fheamainn,
Gu dèanamh do Neptun ceilpe,
'S mur h-òl e na gheibh e 'n t-sàile,
Sìor-chùm ris an daoidhear *celti*.

Eadarlinn a chinn na *chocles*,
Seumas am procadair cliùiteach,
Tilg fo bheinn nam bàrr-roc iad,
Mallachd nochd is bhochd ud Mhùideart.

[...]

Cùm a-muigh gach fear ded sheòrsa,
An Deòrsach da-rìreadh na chridhe;
Na ceum thairis do Choimisean,
Mun dèan nas miosa riut tighinn.

Druid a-mach lobhar na h-Oitreach
Gus an caill e òtrach dheamhnaidh;
Gum faic mi toradh do mhalairt
Teachd le ballaibh às do sgòrnan

[...]

Mo bheannachd ort fhèin, a bhobain,
Nach do dh'ob bhith rìoghail deònach,
An saoghal busgaideach claon-cham,
'S do chinneadh daonnda le Deòrsa.

B' anabharrach do chudam rìoghail,
Nach do spìonadh mar ri càch thu,
Leis an tuil-bheum ud bha coitcheann
Eadar an Oitir 's Bucàrna.

An eachdrainnean Sheumais bidh sgrìobhta
Da mhac prìseil do neo-mhealltachd,
Cho làn de bhuadhannan rìoghail
Ri h-ugh brìdein mu uchd Bealltainn.

[...]

Gach ministear Guibhneach bha 'g ùrnaigh,
'S a shùilean dùinte gar damnadh,
Fàg ann am purgadair bùirn e,
Gus an caill e sgùrainn anma.

Moladh a' Chaimbeulaich Duibh

Ge beag ortsa 'n Caimbeulach dubh,
Gur toigh leamsa 'n Caimbeulach dubh;
Biodh e dubh, no geal, no grìseann,
Gràdh mo chridhe-sa 'n Caimbeulach dubh.
Ge h-inisgeach air an t-seòrs' thu,
Nam b' aithne dhomhsa do phòr-sa,
Chuirinn mòran sìos den dò-bheairt,
Nan dubh-dhlòintibh fòtasach tiugh.

Sùilean coirbte bh' ann an droch cruth,
A fhuair oilbheum don fhear gheal-dhubh,
Den dream òirdheirc as foirmeile fuil:
'S duilich tolg a chur na chruaidh-stuth.
'S tric le madaidh bhith ri dealann,
An oidhche reòthta ris a' ghealaich;
B' ionann sin is èifeachd d' ealain,
Air cliù geal a' Chaimbeulaich dhuibh.

'S ciamar fhuair thu dh'aodann no ghnùis,
Càineadh uasail gun mhodh gun tlus?
Fhìor-dhearc-luachrach chinnich à lus:
Mud aoir bhacaich tachdam thu bhruic.
Sgiùrsaidh mi gum bi thu marbh thu;
Cha bhi ach mo theanga dh'arm riut;
A rag-mhèirlich bhradaich a' gharbhlaich,
'S iomadh garbh-mhart dh'fheann thu led chuirc.

Den t-sìol-chruithneachd chuireadh gu tiugh;
Cha b' e 'n fhìdeag no 'n coirce dubh,
Ach pòr prìseil 's ro sgaoilteach cur,
Feadh gach rìoghachd air tìr 's air muir;
Loma-làn brìghe o bhàrr gu bhun;
Feuch a-rìs e mun dìt thu luibh.
Gur iongantach leam a dhuine,
Mur robh mearan ort air tuineadh,
Ciod mun do bhuin thu don urr' ud:
Curaidh ullamh, 's curaisteach fuil!

Dream nan geur-lann gu reubadh cuirp,
Cruaidh ga feuchainn air beulaibh trup;
'S math 's is gleust' iad gu bualadh phluc,

'N àm ratreuta dh'èigheach le stuirt.
Cha bhreac breun-lòin idir Cailean,
Ach de dh'fhìon-fhuil àird Mhic Cailein:
Teaghlach ùiseil Iarla Bhealaich;
'S buadhach caithream ri uchd an truid!

'S cinnteach, thiotadh, gheibh thu do mhurt,
Mud aoir chiotaich mhiosgainnich churt':
Ged a dh'fhidreadh gun robh ort stuirt,
Bidh a' bhiodag a' ruidleadh do chuirp.
Claigeann gun eanchainn gun mhiodrach,
Am faodadh na h-iolairean niodadh:
Ciamar fhuair thu ghnùis do sgiodar,
Ghluasad idir an ionad puirt?

Èisg bhochd chearbach, seargaidh mi tur,
Do theanga chealgach, a chearbaire dhuibh,
Rinn an t-searbhag gun chair' a-muigh:
Asad dh'earbainn cealgaireachd cruidh.
Cha bhiorrachdaire ged bhiodh fearg air,
Don d' rinn thus' a dhuine 'n t-searbhag;
Ach òg foghainteach gun earra-ghlòir;
Làn de dh'fheara-ghnìomh, dhearbh e le ghuin.

Bha thu mì-mhodhail a' toirt dha guth:
Cràg a' chobhair gu màgradh gruth:
Leòbas odhar a ghlaimseadh sugh,
'N dèis dha leaghadh 's e ruith na shruth.
Cha bu bheadagan gu tabaid,
Ach fìor leòmhann stòlda staideil,
Don d' rinn thus' an t-òran prabach;
Ach fìor ghaisgeach; 's am blàr ga chur.

Sparram cinnteach ort a' ghlas-ghuib;
Losgadh peircill, corcadh, is cuip,
Airson ascaoin caclach do bhuis;
B' fheàrr gum bithinn-s' am fagas dhut:
Ged a bhiodh tu càineadh Ghàidheal,
Anns gach siorramachd a dh'àirmhinn,
Seachainn muinntir Earra-Ghàidheal,
'S gun a' Cheòlraidh fàbharach dhut.

'S mairg a dh'èireadh ri sìol an tuirc,
Gaisreadh gleusta nach euradh cluich;

Cha bu bheus daibh bhith ris a' mhurt,
Ach cath treun is cothrom rin uchd:
Ge beag ortsa mìle cuairt e,
'S iomadh sonn aigeantach uallach,
Eadar Asainn 's Cluaidh nan luath-long,
As trom luaidh air Caimbeulach dubh.

Sùil nan seòbhga 's ro bheòth'chail cur,
An ceann rò-bhinn nam bachlag dubh;
Cha b' i fròg-shùil rògair a' chruidh;
Fìor fhiamh feòdair orr' ann an sul.
'S geal is dearg do leac is d' aogasg,
Ged a thuirt iad peirceall caol riut;
Cha b' ionann is sligeas gaoisneach,
'S fiasag pit-laoigh air nach eil tiugh.

'S ged rachadh tu sna speuraibh,
'G oidhrp' Caimbeulaich èisgeadh,
Tuitidh tusa mar a' bhèisteag,
Nad ionad fhèin am buachar mairt;
Esan ag èirigh suas le sgairt;
Thus' a bhreunain màgaran cac;
Esan glè ghlan, loma-làn de thlachd;
Thus' a dhèistinn 's mùig ort air at,
Mar bu bheus do dhòbhran no chat.

Aodann gràineig, tàrr-aodann tuirc;
Com a' chnàimh-fhithich 's nàdar na muic;
Beul mhic-làmhaich 's fàileadh a' bhruic;
Spàga clàrach, sàiltean nan cusp';
Casan curra, uchd a' ghiomaich,
Sùilean lionnach sgamalach fliuch;
De dh'òirlichibh aoire bàrdail,
Tomhaiseam od bhathais gud shàil thu;
'S feannam do leathar, a thràill, dìot,
Chionn thu chàineadh a' Chaimbeulaich dhuibh.

Chan fhear sgiobaidh thus' ach fìor ghluig;
'S beairt gun teagamh bidh tu fo bhruid;
D' fhiasag failidh, d' fhalt, is do ruisg;
Tuitidh d' fhiacla 's falbhaidh do thuigs':
'S cosail nach b' aithne dhut mise,
Nuair a bha mi 'n seo gun fhios dhut;

Nam b' eòl, cha ghlacadh tu mhisneach,
Ròine ribeadh às an fhear dhubh.

Cnàmhaidh d' ìnean 's maise do chuirp;
Teirigidh d' innsgin; seargaidh do chuid:
Dèan cruaidh-aithre a-chaoidh mun luigh,
Chionn thu chàineadh a' Chaimbeulaich dhuibh.

Fìnid a' Chiad Tionndaidh de
Aiseirigh na Seann Chànain Albannaich

Smeòrach Clann Raghnaill[30]

Hoile bho hì riag roll il ò,
Hoile bho hì riag hò rò hì;
Hoile bho hì riag hò roll il ò—
'S smeòrach do Chlann Raghnaill mi.

Gura mis' an smeòrach chreagach,
An dèis leum far cuaich mo nidein
Sholar bìdh dom eunaibh beaga,
Seinneam ceòl air bàrr gach bidein.

'S smeòrach mise do Chlann Dòmhnaill,
Dream a dhìtheadh is a leònadh;
'S chaidh mo chur an riochd na smeòraich,
Gu bhith seinn 's a' cur ri ceòl dhaibh.

Sa Chreig Ghuirm a thogadh mise,
An sgìreachd Chaisteil Duibh nan cliar:
Tìr tha daonnan a' cur thairis
Le tuil bhainne, mheala 's fhìon.

De shliochd nan eun on Chaisteal Thioram,
'S o eilean Fhìonain nan gallan;
Moch is feasgar togar m' iolach,
Seinn gu bileach milis mealach.

Tha mi den ghur rìoghail luachach—
'S math eun fhaotainn à nead uasal;
Ghineadh mi gun chol gun truailleadh,
Fo sgiathaibh Ailein mhic Ruairidh.

Cinneadh glan gun smùr gun smodan,
Gun smal gun luaith ruaidh gun ghrodan;
'S iad gun ghiamh gun fheall gun sodan,
'S treun am buille 'n tiugh nan trodan.

Cinneadh mòr rìoghail th' air am buaineadh
À mìribh meara na cruadhach;
'S daoimein iad gun spàrr gun truailleadh,
<u>Nach gabh stùr</u>, gnè smal, no ruadh-mheirg.

30   Is a' Chomhdhail, ma gabhar sin ri sianais an 'Duain Albannaich', as sine den ghnè seo de dhàin. Seibear smeòraichean le MacCodruim, MacDùghaill, MacLachlainn, agus MacLeòid ann an 'Sàr-Obair'.

Cinneadh gun bhòst gun spàrran,
Suairce sìobhalta gun ràpal;
Coibhneil cinneadail ri càirdibh,
Fuilteach faobharach ri nàmhaid.

Raghnallaich nan òr-chrios tagach,
Nan lùireach, nan sgiath, 's nan clogad,
A thèid sìos gu gunnach dagach,
Na fir ghasta shunndach chogach.

Siud na h-aon daoine th' air m' aire,
Nach dèanadh air plundrainn cromadh,
Dhèanadh anns an àraich gearradh—
Cinn gan sgaradh, cuirp gam pronnadh.

Ach mur tig mo Rìgh-sa dhachaidh,
Triallaidh mi do dh'uamhaidh shlocaich;
'S bidh mi 'n sin ri caoidh 's ri basraich,
Gus am faigh mi bàs le osnaich.

Ach ma thig mo Phrionnsa thairis,
Cuirear mise 'n cliabhan lurach,
'S bidh mi canntaireachd gu buileach—
'S ann na àros nì mi fuireach.

Madainn Chèitein 'm bàrr gach badain,
Sgaoileadh ciùil à gloic mo ghuibein,
'S àlainn mo thurraraich 's mo ghlagan,
Stailceadh mo dhà bhuinn air stuibein.

Gura mise cruit nan cnocan,
Seinn mo leadain air gach bacan,
'S mo chearc fhèin gam bheus air stocan,
'S glan ar glocan air gach stacan.

Crith-chiùil air m' ugan ga bhogadh,
'S mo chompar uile làn beadraidh,
Tein'-èibhinn am uchd air fadadh,
'S mi air fad gu danns' air leigeil.

Nuair chuirinn goic air mo ghogan,
'S a thogainn mo shailm air creagan,
'S ann orm fhèin a bhiodh am frogan—
Ceòl ga thogail, bròn ga leagail.

Eòin bhuchallach bhreac na coille,
Len òrganaibh òrdail mar rinn,
'S feadag ghlan am beul gach coilich,
'S binn fead-choill air gheugaibh barraich.

'S mise 'n t-eunan beag lem fheadan,
Am madainn dhriùchd am bàrr gach badain,
Sheinneadh na puirt ghrinn gun sgreadan,
'S ionmhainn m' fheadag feadh gach lagain.

Siud oirbh deoch-slàint na h-armailt,
Dh'èirich le Teàrlach on gharbhlach,
Na fir ghasta dhèanadh searra-bhuain,
Air feòil 's air cnàmhan nan Dearg-chòt.

Òlamaid fliuchadh ar slugain,
'S cuireamaid mun cuairt làn nogain;
Slàinte Sheumais suas le suigeart,
Tosta Theàrlaich sìos le sogan.

Slàinte 'n teaghlaich rìoghail inbhich,
Òlamaid gu sunndach geanail;
'S nigheamaid ar sgòrnain ghionach,
Le dram milis sruthlach glainneach.

Cuireamaid sìos feadh ar mionaich
Tosta nan curaidhnean clannach,
Nan colg sgaiteach gasta biorach,
'S ro mhòr sgil air còmhrag lannach.

On tha mi teannadh gu eirthir,
Ullaicheam m' acair gu cala:
Tosta Mhùideart, Ceann nan Seileach,
'S an t-slàint' eil' ud, Ceann nan Garrach.

Lìonaibh suas is òlaibh bras i,
Slàinte Raghnaill Òig o 's deas i,
Sguir de h-amharc, thugaibh às i,
Siabaibh leibh i, às a teas i.

Stràc a-suas a' ghlainne cheudna,
Cuimhnicheamaid slàint' an t-Slèitich,
Ridir òg gasta nach euradh
Dol le sgairt a shracadh reubal.

Slàint' Iarl Aontrom, tosta prìseil,
'S na tha 'n Èirinn chlannaibh Mìlidh—
Tha mo sheile bàthadh m' ìotaidh,
Chionn gum bheil mo bheul làn mìlsein.

Lìon a-suas duinn glainne 'n Deasaich,
Learganach nan gorm-lann claiseach,
Anns an ruaig nuair ghabhadh teas iad
Le lùth-chleasan bualadh Shasann.

Cò an nàmhaid sin riutha sheasadh
'S cruaidh rùisgte nan dùirn gu slaiseadh,
Laochraidh sgathadh cheann is leasraidh,
Na suinn sheasmhach shunndach mhaiseach.

Greasam gu fìnid gun stopadh,
Ach cha mhiann leam a bhith bacach:
Puirt-chiùil na smeòraiche dosaich,
Tostam fìor sheobhag na Ceapaich.

Togamaid slàinte nan Gleannach
O Chomhann nam bradan earrach,
Bheireadh air bòcanaibh pilleadh;
Cha bu ghioragach iad air bealach.

Dìolamaid an tosta seo bharrachd:
Deoch-slàinte nam fiùranan glana
O Chruacha Beann na trom-ghaillinn,
'S o Ghleann Nodha nan sonn fearail.

Dìolamaid gu foirmeil frasach,
Slàinte Bhaghasdail mun stad sinn,
Laoch treun a dh'èireadh sgairteil
Chur ratreut air bèistean Shasann.

Cuimhnicheam Iain Ciar à Latharn,
Aig nach robh an stoidhle cumhang;
Gheibh thu mùirn is onair fhathast
Air sgàth do ghràis, mar as cubhaidh.

Cuireamaid mun cuairt gu toileach,
Slàinte Mhic Dhùghaill on Bharrach:
Cridhe rìoghail reamhar solais,
Tha na bhroilleach shìos am falach.

Ciod am fàth dhaibh bhith gar tagradh,
'S nach urrainn daibh chur rinn cluigein,
Sguiribh dur bòilich 's dur spaglainn,
An rud a th' againn 's e Dia thug dhuinn.

'S iomadh nàmhaid a tha bagr' oirnn,
Is luchd-farmaid air am beag sinn;
Chan e mì-rùn bochd a lag sinn,
Sinn bhith rag sa chòir a leag sinn.

Deoch-Slàinte Teàrlaich

'S gun òlainn slàinte Theàrlaich,
Ged leònadh i gu bàs mi,
A chionn gum faicinn e le ghaisgich
Tigh'nn dhachaidh gu àite.

An litir ghluais mo dhòchas,
A dh'fhiosraich mi Didòmhnaich,
Gun tug sibh bristeadh air luchd-chasag,
Dh'fhàg sibh lag gun treòir iad.

Clann Dòmhnaill chruaidh nam fraoch-bheann,
A choisinn buaidh sa chaonnaig,
Gur fada chluinnteadh fuaim ur cruadhach
Tigh'n tro thruaillean caola.

'S leat Dòmhnall bàn o Lòchaidh,
Le fhir làidir chròdha,
'S le lannan glasa dùbh-ghorm sgaiteach,
'S math gu casgairt feòla.

'S leat Eòghann bàn o Chluainidh,
'S bu mhath gu sgaradh chluas diubh,
Le sginean biorach dhèanadh pinneadh,
Dh'fhàgadh sileadh chnuac iad.

Gur h-iomadh òigear meanmnach,
A dh'èireadh leat fon armaibh;
Bu neo-ghliogach dol san trioblaid,
Griogaraich Bhràgh'd Albainn.

Mac Shimidh òg on Àird leat,
Mar leòmhann ri uchd nàmhad.
Le fhir dhearga smiorail fheargach,
Leagadh mealg mun sàilibh.

'S leat Siosalaich nan geur-lann.
Thèid sgiobalta nan èideadh;
Bidh rinn gu ceilg orra 'n teas na feirge
Dh'fhàgadh earblaich creuchdach.

Tha Clann an Tòisich rìoghail,
Na leòmhanna nach strìochdadh,
Le lannan guineach sgoltadh mhuineal,
'S iad nach fuiling mì-mhodh.

Nuair thèid an crùn air Seurlas,
Bidh smùid air coinnlean cèire;
Bidh lasair ait air bhàrr gach caisteil,
'S dibh gu bras ga h-èigheach.

Òran don Phrionnsa

O hi ri ri, tha e tighinn,
O hi ri ri, 'n Rìgh tha uainn,
Faigheamaid ar n-airm 's ar n-èideadh,
'S breacan an fhèilidh an cuaich!

'S èibhinn leam fhèin, tha e tighinn,
Mac an Rìgh dhlighich tha uainn;
Slios mòr rìoghail don tig armachd,
Claidheamh is targaid nan dual.

Samhail an Fhaoillich a choltas,
Fuaradh-froise 's fadadh-cruaidh;
Lann thana na làimh gu cosgairt,
Sgoltadh chorp mar choirc' air cluain.

Torman do phìoba 's do bhrataich,
Chuireadh spiorad bras san t-sluagh;
Dh'èireadh ar n-àrdan 's ar n-aigne,
'S chuirteadh air a' phrasgan ruaig!

Tàirneanach a' bhom' 's a' chanain,
Sgoilteadh e 'n talamh le chruas;
Fhreagradh dha gach beinn is bealach,
'S bhodhradh a mhac-tall' ar cluas!

Gur mairg dan èideadh san là sin,
Còta grànd' den mhàdar ruadh;
Ad bhileach dhubh is cocàd innt',
Sgoiltear i mar chàl mun cluais!

O hi ri ri, tha e tighinn,
O hi ri ri, 'n Rìgh tha uainn,
Faigheamaid ar n-airm 's ar n-èideadh,
'S breacan an fhèilidh an cuaich!

Òran Eile Don Phrionnsa

Hug hò-o, laill hò-o,
Hug o ho-rò, 'n àill leibh;
Hug hò-o laill hò-o,
Seinn o ho-rò 'n àill leibh.

Moch sa mhadainn 's mi dùsgadh,
'S mòr mo shunnd 's mo cheòl-gàire;
On a chuala mi 'm Prionnsa,
Thigh'nn do dhùthaich Chlann Ràghnaill.

On a chuala mi 'm Prionnsa,
Thigh'nn do dhùthaich Chlann Ràghnaill;
Gràinne-mullaich gach rìgh thu,
Slàn gum pill thusa Theàrlaich.

Gràinne-mullaich gach rìgh thu,
Slàn gum pill thusa Theàrlaich;
'S ann tha 'n fhìor-fhuil gun truailleadh,
Anns a' ghruaidh as mòr nàire.

'S ann tha 'n fhìor-fhuil gun truailleadh,
Anns a' ghruaidh as mòr nàire;
Mar ri barrachd na h-uaisle,
'G èirigh suas le deagh nàdar.

Mar ri barrachd na h-uaisle,
'G èirigh suas le deagh-nàdar;
Is nan tigeadh tu rithist,
Bhiodh gach tighearn' nan àite.

Is nan tigeadh tu rithist,
Bhiodh gach tighearn' nan àite;
Is nan càiricht' an crùn ort,
Bu mhùirneach do chàirdean.

Is nan càiricht' an crùn ort,
Bu mhùirneach do chàirdean;
'S bhiodh Loch Iall mar bu chòir dha,
Cur an òrdugh nan Gàidheal.

S bhiodh Loch Iall mar bu chòir dha,
Cur an òrdugh nan Gàidheal;

Is Clann Dòmhnaill a' chruadail,
Choisinn buaidh anns na blàraibh.

Is Clann Dòmhnaill a' chruadail,
Choisinn buaidh anns na blàraibh;
'S iad gun cumadh a' chòmhstri,
Ri luchd chòtaichean màdair.

'S iad gun cumadh a' chòmhstri,
Ri luchd chòtaichean màdair;
Siud a' chuideachd bhiodh foirmeil,
Bonaid ghorm is cocàd orr'.

Siud a' chuideachd bhiodh foirmeil,
Bonaid ghorm is cocàd orr';
'S bhiodh am fèileadh san fhasan,
Mar ri gartana sgàrlaid.

'S bhiodh am fèileadh san fhasan,
Mar ri gartana sgàrlaid;
Fèileadh-cuaich air bhac easgaid,
Paidhir phiostal 's lann Spàinneach.

Fèileadh-cuaich air bhac easgaid,
Paidhir phiostal 's lann Spàinneach;
Is nam faighinn mo dhùrachd,
Bhiodh an diùc air dhroch càramh.

Is nam faighinn mo dhùrachd,
Bhiodh an diùc air dhroch càramh;
Gum biodh bùidsear na feòla,
Agus còrcach mu bhràighe.

Gum biodh bùidsear na feòla,
Agus còrcach mu bhràighe;
'S gun gibhtinn a' mhaighdeann,[31]
Mar oighreachd da bhràthair.

'S gun gibhtinn a' mhaighdeann,
Mar oighreachd da bhràthair—
Ach slàn gun tig thu 's gun ruig thu,
Slàn gun tig thusa Theàrlaich.

31   The Maiden, a ba na h-inneal gur an ceann a toirt de d'eucorach. Ba Iarla Earra-Ghàidheal air fear de na fulangaichean mu dheireadh a bha aice nuair a chuireadh gu bàs e ann an 1681.

Imrich Alastair à Eigneig

Imrich an ùghdair à Eigneig do dh'Inbhir Aoidhe.

Dh'fhalbh mi à nathrachan creagach,
Làn conaisg 's de phreasaibh sgrogach,
Bioran droighinn ann gam bhriogadh,
Throm chliabh gu nimhneach gam bhrodadh.

Fonn crainntidh tioram nach laghach,
Gun mhìn-fheur gun lòn gun bhoglach,
Cho tioram ri spuing gu sradadh,
Ghabhas fadadh 's lasadh tograch.

Gun nòinean gun sòbhrach gun seamrag,
Air dol na theine le tiormachd,
Siud am fearann nach eil iomlan,
Fo speuran nan siantan iomluath.

Liath-reòthadh gun dèarrsadh grèine,
Feadh srath a ghlinne 's a shlèibhtean;
Crann-shneachda spìonadh à speuran,
Froiseadh mum chluasan 's mum eudann.

Am fonn sgraingeil grìmeach tomach,
Chinn de gach nì solta lomach;
Baile caol gun sult nach bronnach,
Loma-làn de bhratagan croma.

Gart an fhaoillich gach aon iall air,
'S e daonnan an caithream fiabhrais,
Gun iuchar gun chèitean grianach,
Ach fadadh-cruaidh san àird an iar air.

'S e buain froise de chloich-mheallain,
A dhèanadh ar cluasan a sgioladh,
Cha dèanadh ar barail ar mealladh,
Sin an fhras bu doirbhe sileadh.

Am maor thug dhomh-sa bhàirlinn spreigeil,
An crom-shrònach 's a smig ga spagadh,
Ghairm e rium mar ghlaistig sgreadaidh,
M' imrich a thogail an gradaig.

Ghabh mi còmhnaidh 'n Inbhir Aoidhe,
Bail' ionmholta solta gaolach,
'S e gu solach torrach maoineach,
Mùirneach so-ghràdh'ch feurach faoilidh,

Baile gun ghlaistig gun bhòcan,
'S coisrigte gach crann is fòid deth,
Gun deanntag gun charran gun fhòtas
Loma-làn chluaran, lilidh 's ròsan.

A mhaghan a' bòrcadh de neòinein,
Stràcta le deagh mheasan òirdheirc,
Cha chinn lus bhios searbh am fòid deth,
Barrach bainneach mealach sò-ghràdh'ch.

Fiamh a' ghàir air srath 's air mòr-bheinn,
Am madainn Mhàighe 's grian gan òradh;
Cur anma fàis le blàths nam pòraibh,
H-uile là toirt bàrr air bhòidhchead.

Baile blàth, 's math fàs gach seòrs' ann,
Dealt an àigh air bàrr gach feòirnein,
Beò-chluig-chiùil an dos gach mòr-chroinn,
Tilgeil cheilear-gràidh on sgòrnain,

B' oirfeid èibhinn seirm na còisridh,
Am bàrr nan geug a' seinn an òran,
Leadain theud-bhinn ainglidh ghlòrmhor,
'S laoidhean grèidhte ceudfath'ch ceòlmhor.

'S fortan leam gun d' fhàg mi Eigneig,
Ionad cruaidh nan dris bu ghèire,
Am fonn sporach sgorach beurtha,
Dh'fheannadh m' fheòil mar chuirc dhroch-reusair.

Fàilt' ort fhèin a Phàrrais fhaoilidh,
Inbhir Aoidh am baile tlachdmhor,
Bidh m' anam 's mo chorp gu naomha,
O fhuair mi sgaoilte às na glasaibh.

Chuidhtich mi taghadh na piocaid,
Am fear a bha riochdail na chaisean,
Dhèanadh ascaoin-eaglais chruaidh orm,
Mun cluinneadh a chluas frith-chasad.

Aiseirigh

Chuidhtich mi asgart is teine,
'S gach nì bhiodh na bhoile gu lasadh;
Chuidhtich mi seangan nan crioman,
'S gach nì biorach bhiodh gam speachadh.

Chuidhtich mi spuir a' chait fhiadhaich,
'S dòbhran iargalta na braclainn,
An neach sin a chàin gu daor mi,
'S a bheum gun adhbhar a chlag rium.

Gun do theich mi on fhraoch-sgreuchain,
A loisg m' fheusag dhìom le shradan;
Cur bhramannan dearga tein' às,
'S gun tholl e gu deireas mo chraiceann.

Gun chuidhtich mi rìgh nan searbhag,
Domblas, eanghlas, is tombaca;
'S gach biastag a bha gam ithe,
Conn-speach, criothlagan, is beachan.

Ach o thàinig mi dh'Inbhir Aoidh,
Thionndaidh riumsa caoin gach ascaoin;
Is gach rud bha cur orm trioblaid,
Rinn Dia gu sgiobalta 'n casg dhìom.

Aoir a' Chnocain[32]

Bu mhath gach crosachd gus a-nochd,
Thachair riumsa noir no niar;
Lùths mo choise sgaradh rium,
Chrùn suim mo mhì-fhortain riamh.

Ach galar gun dealta gun ghrèin,
Gun fheur gun riasg thig à h-ùir,
Air a' chnocan dhòthte liath,
Thug om chois-sa trian a lùiths.

Fallas nan seangan 's nan daol,
Gad fheannadh gu daor od rùsg;
Guma h-e do phiseach is d' fheum,
Bhith 'd chonntom breun aig gach cù.

'S ma gheibh Lusafair a chead,
Teachd far a shlabhraidh o nead,
Gheibh e còir is òrdugh rag,
Bhith mùn 's a' cac air do bhiod.

Mo mhollachd-sa 's mollachd na gaoith
Shèideas siantan daor nan speur,
Gus am fail thu cho lom
Ri aotroman lom am bi sèid.

Conasg, fòghnan, agus dris,
'S gach dreamsgal gun mheas gun sùgh,
Laomadh air a' chnocan liath—
Cha ghabh nèoinein friamh ad ùir.

Mo mhollachd-sa 's mollachd nam baobh,
'S mollachd nan aoir o 's i 's mò.
Dh'fhaileadh do mhullaich 's do thaoibh,
Gun duilleach mud chraoibh, no cnò.

Gun mheas gun toradh gun bhlàth,
Asad a dh'fhàs dem bi spèis;
Crann-shneachda spìonadh do chluas,
Nad lobharan 's nad fhuath don sprèidh.

---

32 Tha am pìos seo air a tharraing bo làmh-sgrìobhann MhcNeacail.

Peilearan-beathracha cruaidh,
'S teine-dealain luath nan speur,
Gad losgadh suas nad luaith ruaidh,
'S tuath-ghaoth gad fhuadach o chèil'.

Còinneach odhar 's crotal ruadh,
'S i-teodha mum fuathach sprèidh,
Chinntinn mud losaidean cruaidh,
'S nathraichean nan cuaich nad sgèith.

Fàilte na Mòr-thìr

Heitirin àirin ùirin oho ró;
Heitirin àirin hò rò.

Fàilt' ort fhèin, a mhòr-thìr bhòidheach,
Anns an òg-mhìos Bhealltainn.

Grian-thìr bhòidheach 's uaine còta,
'S froidhneadh ròs ri h-alltaibh.

Le biadh 's le dibh a' cur thairis,
Cha tèid earrach teann oirr'.

'S fàinneach lurach slios a tulach,
'S duilleach 'm mullach chrann innt'.

A' choill gu h-uile fo làn-duilleach,
'S i na culaidh-bhainnse.

Uisge fallain nan clach geala,
Ruith thro baile geamhraidh.

'S loinneil a fir is a bannal,
'S ciabhach bàrr-fhionn clann innt'.

Mnathan aoibhinn mòthar coibhneil,
Làn de loinn 's de bhaindeachd.

Meòir chaola 's grinn' air anart,
'S iad cho glan ri baintighearn'.

'S ùrail àlainn geal dearg blàthmhor
Daoine àrsaidh 's clann innt'.

A fir buadhach, 'm màrsal uasal,
Meara cruaidh sa champa.

Fo làn-èideadh, len toigh fèileadh,
Mo ghràdh fhèin bhith cainnt riuth'.

Seirceach caidreach gun dad sladachd,
Saor o bhraid 's o anntlachd.

Cho làn rìoghalachd is dìlseachd
Ri ugh brìdein samhraidh.

Pailt de chreideamh is de dh'eagnachd,
'S iad rin eaglais stannta.

'S bainneach bailceach braonach glacach,
Bruachan tachdrach Ailleart.

'S lìonach slatach cuibhleach breacach,
Seile ghlas nan samhnan.

Mòr-thìr ghlan nam bradan tàrr-gheal,
'S airgeadach cur lann orr'.

Fir làn sonais, saor o dhonas,
Gun dad conais dranndain.

'S àlainn a beinnean 's a srathan,
'S èibhinn dath a gleannta.

Greighean dearga tàmh mu firich,
Eilid bhiorach 's mang aic'.

Damh le rùtas dol sa bhùireadh,
'S e ri bùirean-cleamhna.

Boc air dàradh timcheall daraig',
'N dèidh a leannain chinn-deirg.

Searraich shuigeartach ri ruideis,
'S iad ri buiceis-dhannsa.

Crodh air dàir am bàrr an fhàsaich,
Feur nach fàs gu crainntidh.

Iad air theas a' ruith le buaraich,
'S tè le cuaich gan deann-ruith.

Geum laogh beaga 's crodh gam freagradh,
Anns an eadradh shamhraidh.

Na minn bheaga 's iad ri beadradh,
Anns na creagan teann air.

Na h-eòin gu foirmeil seinn an organ
Is fior-òirdheirc canntachd.

Coilich-choille 's iad ri coilleig
Anns an doire chranntail.

Eòin na beinne an taobh eile,
'S iad ri ceilear ranntachd.

Cuthag chùl-ghorm cur na smùid dith
Ann an dùslainn challtainn.

'S ceòlmhor èibhinn bàrr gach gèige
'S an eòin fhèin a' danns' orr'.

Chìte Roban seinn is sog air,
Agus frog air dreòllan.

Chearc le tùchan 's i ri giùigeil
Is fìor-chùirteil cleamhnas.

Gum bheil a talamh 's a h-adhar,
Làn de dh'aighear ceannsail.

'S feurach craobhach luideach gaolach,
An tìr fhaoilidh sheannsail:

'S deiltreach laomach meiltreach caoineach,
A fuinn mhaoineach sheannsail:

Cnòthach caorach dearcach braonach,
Glasrach raonach aibhneach.

Bàrr gach tolmain fo bhrat gorm-dhearc,
Air gach boirrchean alltain,

Dìthein chreagan 's neòinein eagach,
'S bòidheach leagail stamp orr'.

Breac le sulas leum à buinne,
Ruith nan cuileag greannmhor.

Grian ag èirigh 'g òradh slèibhe,
'S beachan gheug ri sranntraich.

Seillein ruadha diogladh chluaran,
'S mil ga buain le dranndan.

'S cùbhraidh sùbhan, 's badach luibhean,
Ris a' bhruthainn ainteas.

Lusain chùbhraidh mach a' brùchdadh,
'S cuid diubh cùl-ghorm baindearg.

'S sòbhrach mealach creamhach samhach,
Cluain is cabhain cham-ghlac.

'S measrach cuachach leabach luachrach,
Dol gu buailidh 's t-samhradh.

'S omhnach uachdrach blàthach cnuacach,
Lòn nam buachaill' annta.

'S imeach gruthach meògach sruthach,
'N imrich shubhach shamhraidh.

'S mithich dhomhsa dol do Mhòr-thìr
Anns an òg-mhìos Bhealltainn,

Bhuain snodhaich 's gach mì nodha,
Mar ri cnòthan calltainn.

Bhuain fhaillean 's a dh'òl bainne—
Rìgh! gur fallain m' annlann.

Cailin buidhe toirt muidhe,
'S i na suidh' air plangaid.

Deoch gun tomhas dol far comhair,
Gun aon ghlomhar ganntair.

Bha mo chliabh 's mo ghiall air lobhadh
Le uisg' odhar seanndaidh.

Ach 's math mo chobhair bainne-ghobhar
'S e fo chobhar ceann-gheal.

'S uisge brisg-gheal, 's e ri brìodal,
Ruith thro chriostal bheanntan!

Màiri Shugaideach

Heitirin àirin ùirin oho ró;
Heitirin àirin hò rò.

A Mhàiri Shugaideach 's ròsach ruiteach thu,
Bu cheòl-cuideachd anns gach àit' thu.

A Mhàiri mhodhail a' bheòil bhriathraich,
Bha mi riamh an geall ort.

'S truagh nach robh mi leat mar leannan,
Falbh nan gleannan fàsaich.

A Mhàiri bhòidheach 's dearg do chòta,
Fiamh an òir air fhàitheam!

Gruaidhean craobhach, slios mar fhaoilinn,
Coibhneil caomhail càirdeil.

'S gil' thu na 'n gruth, 's deirg' thu na 'n fhuil,
'S binn' thu na guth clàrsaich.

Greannmhor faoilteach gu neo-bhaosgach,
Choisinn gaol gach àrmainn.

Dhiùlt thu tighearna Ghlinn Lìobhann,
Agus rìgh na Spàinne.

Dhiùlt thu tighearn' òg Ghlinne Garradh,
Agus mac a' mhàidseir.

Dhiùlt thu sin is fear nach b' ainid,
Dhiùlt thu mac a' bhàillidh.

Dhiùlt thu Iarl' Aontrom à Èirinn,
'S phòs thu Seumas clàrsair!

Cuachag an Fhàsaich

A bhanarach dhonn a' chruidh,
Chaoin a' chruidh, dhonn a' chruidh;
Cailin deas donn a' chruidh,
Cuachag an fhàsaich.

A bhanarach mhìogach,
'S e do ghaol thug fo chìs mi;
'S math thig làmhainnean sìoda
Air do mhìn-bhasan bàna.

'S mòr bu bhinne bhith 'd èisteachd,
'N àm bhith bleoghann na sprèidhe,
Na 'n smeòrach sa Chèitean
'M bàrr gèig' ann am fàs-choill.

Nuair a sheinneadh tu coilleag
A' leigeil mairt ann an coillidh,
Dh'èalaidh eunlaith gach doire
Dh'èisteachd coireal do mhànrain.

Ceòl farasta fìor-bhinn,
Fonnmhor faramach dìonach,
A sheinn an cailin donn fìnealt',
Bheireadh bìogadh air m' àirnibh.

Ged a b' fhonnmhor an fhidheall,
'S a teudan an righeadh;
'S e bheireadh danns' air gach cridhe,
Ceòl nighean na h-àirigh.

Tha deirg' agus gile,
Gleac an gruaidhean na finne;
Beul mìn mar an t-sirist,
Dom milis thig gàire.

Deud snasta na rìbhinn,
Snaidhte cruinn mar na dìsnean;
Gur h-i 'n donn-gheal ghlan smìdeach,
Is ro mhìog-shùileach fàilte.

Chuireadh maill' air do lèirsinn,
Ann am madainn driùchd chèitein,

Na gathannan grèine
Thig o teud-chùl cas fàinneach.

'S ciatach nuallan na gruagaich,
Ri bleoghann cruidh ghuaill-fhinn,
A' toirt tormain air cuachaig,
'S bodhar-fhuaim aig a clàraibh.

'S taitneach siubhal a cuailein,
Ga chrathadh mu cluasaibh,
A' toirt muidh' air seid-luachrach
An taigh-buaile 'n gleann fàsaich.

A muineal geal bòidheach,
Mun iathadh an t-òmar;
A dhath fhèin air gach seòrsa,
Chìte dòrtadh tro bràighe.

Dà mhaoth-bhois bu ghrinne,
Fon dà ghàirdean bu ghile,
Nuair a shìnt' iad gu h-innealt'
Gu sinean cruidh fhàsgadh.

Dà chalpa na meanmnaich
Mar philearan marbhail
Cho gile ri canaichean
Chinneas fanna-gheal sna blàraibh.

Gum bu mhòthar mo bheadrach
Teachd don bhuailidh mu eadradh,
Sèimh sult-chorpach beitir,
'S buarach ghreasad an àil aic'.

Do chùl amlagach teudach,
Buclach feòirneanach ceutach,
De chnòthaibh na gèige,
Cheapadh glèidhteach a làn diubh.

Bheireadh dùbhlan na grèine
Deàrrsadh moch air òr-sheudan,
'S gum b' ait leam ri lèirsinn
Boillsgeadh èibhinn cùl Màiri.

Glac gheal a b' àrd gleadhar,
Stealladh bainne 'n cuaich-bhleoghainn,

Seinn nan luinneag bog seadhach
Ann an gobhal na blàraig.

Nuair a thogadh tu bhuarach,
Cuach is currasan na buaile,
B' ao-coltach do ghluasad
Ri guanaig na sràide.

Cha bhanarach glinn' thu,
Cha tig àireach gad shireadh,
Ach duin'-uasal den fhineadh
Thèid don fhireach le phàirtidh.

Òran Ailein

Hug ò ro ì, hug òireannan,
Hug ò ro ì, 's na hì ri ù o,
Hithill ù hug òireannan.

Ailein, Ailein, 's fhad an cadal,
Tha 'n uiseag a' gairm 's an là a' glasadh;
Ghrian ag èirigh air an leacainn—
'S fhada uam fhèin luchd nam breacan.

Ailein duinn, gabh sgoinn 's bi 'g èirigh,
Tionail do chlann, cuimhnich d' fheum orr';
Bidh Alba mhòr fo bhinn bhèistean
Mura dìon a muinntir fhèin i.

Bheir iad Mòrag mhìn air èiginn;
'S eagal leam gun dèan i gèilleadh,
'S gum bi sliochd gun an còir fhèin ac'
De Bhreatann mòr no de dh'Èirinn.

Mhòrag, nam faicinn d' fhear-ceusaidh,
Ge b' ann air cabhsair Dhùn Èideann,
Thairginn na lainn chaola gheura,
'S dh'fhàgainn fhèin e marbh gun èirigh.

Rannan eadar am Bàrd agus an t-Àireach Muileach

Am Bàrd:
Cha chreid mi 'm briathran dha-rìribh,
Gur Leathannach fiamh na h-èisge;
Ach an fheòil is fhèarr, nuair thèid a dholaidh,
Dùblaidh a boladh le brèinead.

An t-Àireach:
Cha deic fhad 's a tha mi 'g èisteachd
Ris an èisg a tha gam chàineadh;
Nach innsinn da pàirt den fhìrinn,
Ged nach d' rugadh 'am fhìor-bhàrd mi;
Tha sùilean agam gu faicinn,
'S cluasan gu claisteachd do Nàdar
A' faotainn teastanais nach b' fhiach ort,
Riamh bhon rugadh tu nad phàiste.

Gur tric thu gun bhiadh gun aodach,
A' donnalaich air aodann chàirdean;
Chan iongnadh iad a bhith sgìth dhìot,
Gura tric thu sgrìobadh pàirt dhiubh;
Chan iongnadh ged robh ort gorta,
'S nach ann gad chosnadh a tha thu;
'S iad a' guidhe bàis gun lochd dhut,
Mun tèid do chrochadh mun mhèirle.
'S tric thu 'd shìneadh anns gach lodan,
Agus plodan fo do bhialan;
Bidh na cearcan ga do ghrobadh,
'S iad a' gogail mu do chiaban;
Do cheann-ìochdair anns an rotraich,
Ri breith nan goigeinean tiachdaidh;
'S tu nad shìneadh ann am fodar,
Gun nad bhladan ach am blialam.

Am Bàrd:
'S tu gleann Mhàrtainn thar gach gleannan,
'S tu gach cnoc thar bheannaibh àrda;
'S tu damh as miosa sa bhuaile,
'S tu clach uachdair nighean a' chlàrsair.
Cha dèanar seobhag na chlamhan,

Cha dèanar eala den ròcas,
Cha dèanar faoileann den fhitheach,
Cha dèanar pigheann de thòmas;
Cha mhò nitear sporan sìoda
De dh'fhìor-chluais na muice;
'S duilghe na sin filidh fìor-ghlic,
Dhèanamh de chlì-fhear gun tuigse.

An t-Àireach:
'S iomadh creutair th' anns an t-saoghal,
Nach do smaoinich thu air fhathast;
Thar gach èisg 's tu 'n dallag mhùgach,
'S tu bhiast shiùbhlach, 's tu mac-làmhaich;
Gur tu 'm broc thar loin a bhreuntais
Bhiodh a shròn na chèir trì ràithean;
A' mhial-chaorach don ainm a' gheur-lann,
'S olc an treud a tha dhut càirdeach;
'S mur biodh gràin do chàirdean fhèin ort,
Cha dèanainn-sa, bhèist, do chàineadh;
Gur tu 'n losgann lìtheach tàrr-ghlas,
'S tu màgan cealgach na dìge,
Gur tu 'n t-snag a bhios ri cànran,
A' snàgail 's a' màgail a' mhìlich;
Gur tu 'n t-seilcheag lìtheach thàrr-ghlas,
'S tu bratag sgrathail an fhàsaich;
'S gartan on duilleach a thàrsainn
Aon nì thàras tu nad ìnean.
Gun d' rinn thu air d' athair dì-mheas,
Dh'amhairc thu sìos air do mhàthair;
Bhris thu 'n seanchas a tha sgrìobhte,
An dèidh a dhìonachadh sna fàintean:
Thug thu mionnan air a' Bhìoball,
Nach b' fheàrr do shinnsir na Sàtan,
'S bhrath thu iad air bheagan cùinnidh,
Mar rinn Iùdas air ar Slàn'ghear;
A' bhliadhna sin thàinig am Prionnsa,
Bu shiùbhlach thu feadh gach àite,
Nad chlach-bhalg air feadh gach dùthcha,
Ag iarradh orr' tionndadh le Teàrlach,
Ach cho luath 's a thug e chùl riut,
Thionndaidh an cù thar an nàdair;
'S cha bheairteas ach sodal cùirte,
Chuir thu ghiùlan crois a' Phàpa.

Aiseirigh

(1891) Fhuair mi an tionndadh a leanas den dusan sreath mu dheireadh o chionn beagan bhliadhnachan aig Iain MacDhòmhnaill à Both Shìnidh, Bràigh Loch Abar, air an tug mi luaidh a-cheana:

Thug thu mionnan air a' Bhìoball,
Nach b' fheàrr do shinnsir na Sàtan;
Cha b' e 'n creideamh ach am brosgal,
Chuir a ghiùlan crois a' Phàp' thu.
Bhliadhna sin thàinig am Prionnsa,
Bu shiùbhlach thu anns gach àite:
Nad chlach-bhalg air feadh na dùthcha,
'G iarraidh orra tionndadh le Teàrlach.
Cha b' fhad a dh'fhuirich thu 'n taobh sin—
Thionndaidh an cù ri sheann nàdar:
Thairg thu bhrath air bheagan cùinnidh,
Mar rinn Iùdas air ar Slàn'ghear.

Dìomoladh Cabar Fèidh

Air fonn "Cabar Fèidh".

Gum bheil mi air mo bhodhradh,
Le tònadh na h-ealainich;
Bhith falbh air feadh an t-saoghail,
Mar ghaoith chruaidh 's i sgalanta;
Ged dh'èireadh Iarla Shìophort,
'S gach nì mar a ghealladh leis;
Tha fine anns an rìoghachd
A bheireadh cìs a dh'aindeoin deth.
Chan èireadh leat fir Mhùideart,
'S cha b' fhiù leoth' bhith 'n ceangal riut;
Gur mòr tha bhrìgh do bheòil-sa
Na chòmhradh ro leamhanach;
Ach càit an d' fhuair thu dh'aodann,
Ged dh'aontaich do theanga leat,
Na chruinnicheadh am pòr ud,
Sàr-bhòcain nuair chreanaicht' iad.

Chan èireadh leat fir Shlèite,
'S nan èireadh b' e 'm breamas e;
Len aigne uasail uaibhrich,
Gu tuaireap nuair chreanaicht' iad;
Len òigridh sgairteil ghruamach,
Cho luath ris an dealanach;
Gun sgoilteadh iad triath Shìophort,
An latha strì no fionnachais.
Chan fhaod mi sheachnadh san dol seachad,
Gun a ghlacadh farasta;
Càil a' Mharcais air sgàth facail,
Is lagh ceart na mhearachd leis,
A' coimeas Shìophort ri neart rìoghachd,
Ann an gnìomh no 'm fearachas;
Lur leanmhainn bhuig gun eòlas,
Is mòran dìth ro aineolach.

Ach ar leam fhèin gur gòrach,
A dh'fhògradh Mac Cailein leibh;
'S gur sgeul e chaidh o chòmhstri,
Gur connspann air aineol e.
Le chinneadh lìonmhor làidir,

'S iad dhàsan cho carthannach;
Nam faiceadh sibh air blàr iad,
Bu nàr dhuibh co-tharraing riuth'.
Ach càit an cualas riamh ur cruadal,
Ged tha sibh nur sluagh iomadaidh?
Lur feachd tuathach 's iad neo-bhuadhmhor,
'S gainne cruas na giorag leoth';
Ged tha sibh làidir lìonmhor làstail,
'S sibh gu sàsta cilleanach;
'N taobh muigh den bhrataich Shàilich,
Gun d' fhàg sibh air Sliabh 'n-t-Siorraim i.

Gun tigh'nn air fine sònraicht',
Tha iomadh seòrsa bharrachd orr',
Thall 's a-bhos san rìoghachd,
Leis nach b' fhiù dol an coimeas riuth';
Tha tighearnan an taobh seo,
Gum faodainn dol am barantas,
A nochdadh ribh an aodainn,
Ged tha sibh daoineach fearannach.
Tha iad gu meargant' leargaidh feargach,
Dàna gu garbh gunaideach;
Ri uchd nàimhdean 'n àm adbhánsa,
Ceannsgalach cruaidh curanta;
Iad mar dheann-dubh làidir nimhneach,
Sunndach an càs fuileachais;
Mar thorrann eas le beanntaibh,
Gun cluinnte foirm an gunnaichean.

Ach cuiridh mis' thu 'n cuimhne,
Is cluinn mi le foighidinn,
Na chuireadh thu san tuimhnich,
Ge bruidhneach ro labhar thu;
An cual' thu là Allt Èire,
Bu chèiteil cinneadh d' athar ann,
Gun d' fhuair sibh ann ur deuchainn,
On dream nach euradh fhathast sibh.
Ghabh sibh maoim an àird an t-slèibhe,
Bac an Fhèidh cha ghabhadh sibh;
Air bheag feum an càs Rìgh Seurlas,
Loma-làn oillt is gealtaireachd;
Ghuil na speuran, sgeith na reultan,

'G èigheach ribh bhith athaiseach;
'S ann theab sibh ruith don Èiphit,
Nam bu talamh-rèidh bu rathad duibh.

Ach leugh thus' eachdraidh Mhontròsa,
Ma shaoil gur bòst a th' agamsa
Is cinnidh tu 'n sin nas eòlaich
Air seòladh a' bhatailte:
Mun tàinig Morair Gòrdan,
No duine, chòir na sabaide,
'S ann thug sibh slinnein còmhluath—
'S cha mhòr chaidh beò dhachaidh dhibh!
'Theich iad uile, cha d' rinn fuireach,'
An treas duine bh' acasan;
Mar fhear don èirich, le trom-chreuchdan,
Dol fo ghleus na sabaide;
Às an dèidh air feadh an t-slèibhe,
'S càch nan dèidh nam baidealaich,—
'S ann thug iad dhibh buaidh-làrach,
'S rinn iad adhbhar-magaidh dhibh.

Bha Frisealaich gur còmhnadh,
Is iomadh seòrsa bharrachd orr';
Bha Inbhir Nis glè dhòmhail,
Le mòr-shluagh a' ghearastain,
Ach 's aon cheithir chiad nan ònar,
A bha fo òrdugh Alastair,[33]
Thug bristeadh às ur mòr-shluagh,
'S bha iomadh spòltadh salach ann.
Ma ghlac thu 'n guidseal, 's feumail dutsa,
Bhith gu purpail ceannardach;
'S mas fear stèids thu 's fheàirrde thu èideadh,
'S iomadh spèic a bheanas dut;
On 's pailte eucoir leat na reusan,
Tha do chreuchdan salach dheth;
Tha chùis ud air a còmhdach,
On 's e 'm bòst a chanadh leat.

Seinnear pìob dhuinn, 's lìonmhor pìos duinn,
'S cuireamaid sìos gu tartarach,
Air òl fìona 'n ainm an tì ud,
Dh'òrdaich prìs nam brataichean;

[33] Alastair mac Colla Ciotaich

Cha dèan prìob a chur gu h-ìre,
An tosta rìoghail againne;
Ach togamaid le foirm i,
Le stoirm is le beachdalachd.
A shìol nan Collaibh treubhach,
Len èighteadh na batailtean;
On thàrladh dhuinn bhith 'n tàbhairn,
Gun bhàirlinn gun teachdaireachd;
Gun òlamaid gu h-òrdail,
Gu mòrchuiseach smealparra,
Deoch-slàinte 'n leòmhainn loinnich,
Nach maoimeadh ron t-snapaireachd.

Deoch-slàint' an leòmhainn thrèin chalma,
As eug-samhail spraicealachd;
Nan tigeadh do chinn-fheadhna,
Bu mheadhrach ur brataichean;
Cha b' fhiamhach sibh nur campa,
Measg Ghall feadh nam machraichean;
'S cha bu chabar stangach,
Gun taing bheireadh snasadh oirbh.
Tha iad gu h-òirdheirc geur-bhàrr còrr-shleagh,
Teinntidh fìor-dhearg lasarach;
'S iad mar stoirm air mhire-chonfhaidh,
'S lainn nan dòrn gu spealtaireachd;
Len geur-chalg a' sracadh bhalg
Gearradh cheann is chorpanna.
Cha bu Chabar Fèidh nan gleann,
A' ruith na dheann bu choltach riuth'.

'S e 'n leòmhann rìgh nan ainmhidh,
Air ainmealachd is urrantachd;
Air churantachd 's air chruadal,
Air uaisle 's air urramachd;
Air dhuinealachd 's air ghairgead,
'N àm feuma, ro fhuileachdach.
Gu cùmpach neartmhor fuasgailt',
Gu luath-chreuchdach fulangach.

'S math do shuaicheantas sa bhrataich,
Dosach casgach cumasgach;
Gun èireadh sgairtealachd 's gach neach,
Ri faicinn ceart do chularan;

Nuair a dhearcadh tu glè cheart,
'S a bhiodh tu 'd bheachd gu furachail,
Gun dùisgeadh braise, gun bhonn tais'
Le barrachd spraic 's a h-uile fear.
'S tur fallain gath an leòmhainn;
Ri sròl a' chroinn bhaidealaich.
Bu mhèarsail stàtail òrdail e
'N dòrn an laoich aigeantaich;
Air itealaich gu cruadal,
Dearg ruadh mar bhàrr lasarach,
Gun cuireadh stoirm le sgeimhle,
Siubhal-sìth fur casan-se.

Gach neach sunndach sìos don iorghail
Len cuilbhearan acainneach;
Fead na luaidhe, sgread nam faobhar,
Sùrd neo-chaomh air sracaireachd;
Bidh lannan dùbh-ghorm dol gun dùbhlan,
Gearradh smùis is aisnichean;
Bidh fann-ghal truagh air feadh na h-àraich,
'S gearan cràidhteach acaineach.
Bidh gaorr is eanchainn ann nan sgiodar,
Le gliogartaich dhagaichean
Cinn gam pronnadh, cuirp gan tolladh,
Lainn ri ciogladh aisnichean;
Pìcean geura gam bualadh,
Ri tarraing suas gu speacharra,
Leis an aiteim bhiodh san fhuathas,
'S riamh nach d' fhuaradh ceacharra.

Na fir chomasach nan sonna,
Le frois a' tolladh phearsanna,
Dh'fhàs gu somalt' air a' choinneimh,
Am bi sonnadh chlaigeanna;
Sheinnteadh pong ùr-chlàir loma,
'S pìob a' pronnadh chaismeachdan;
Gun cuirteadh anail anns na mairbh,
A' dol gu feara-ghleus gaisgealachd.
Tharraing thu led bhòilich,
Clann Dòmhnaill an coimeas riut;
Mas fear thu bhios ri òran,
Bi eòlach mun can thu e;

Nam faiceadh tu Didòmhnaich
Am pòr ud nuair tharraing iad;
Chan aithnichte duine beò dhiubh,
Seach leòmhainn is nathraichean.

An tùs an latha, bualadh catha,
Gan crathadh gu rucasach;
Le treun-làmhan 's le geur-chlaidhe,
Gearradh cheann is chuisleanna;
Rìgh, b' ait an aighear bhith gan amharc,
Gach saoidh 's gach flath a' tuiteam dhiubh;
'S gach treun-laoch co-bhras gu feum dhiubh,
'S gun Cheann an Fhèidh gan cuideachadh.
Ach mu dhèidhinn Ceann an Fhèidh,
Ghèarr e leam, 's cha b' fhuilear da;
'S iomadh mialchu bh' air a dhèidh,
Len ruith thrèin 's len gunnaireachd;
Ach theich esan cho ro ghleusta,
Mar bu bheus a h-uil' uair dha;
Cha robh de thrupairean an Alba
Bheireadh calg no fionnadh as.

Meirghe a' Chabair thàr i as,
Gun tug i mach na buitealaich;
Cha d' rinn i stad gus 'n d' ràin' i Peairt,
Ruith gu bras an uideil ud,
Spàrr an t-*ensign* i na achlais
Mar gum paisgteadh cuigeal leis;
Cha robh bean Lot nam measg gu lèir—
Sùil nan dèidh cha tugadh iad.
Gun bhodhair thu mo chluasan,
Tha d' fhuaim ann mar dhrumaichean;
On thog thu do cheann cràcach,
Nas àirde na bhuineadh dhut;
A' smèarsadh Earra-Ghàidheal,
'S a thorc-nimhe ri sgàth chularan;
Gun sgoilteadh Ceann an Fhèidh leis,
Ga reubadh na churagan.

Gum bheil mi air mo ghèisgeadh,
Le rèiceil 'n daimh Charrannaich,
Gun fhios nach ann sa bhùireadh,
Air thùs thig do mhearan ort;

Ma theannas tu ri bùirich,
Ri ùinich no langanaich;
Rinn Dia dhìot creutair fiadhaich,
Ro fhiamhach gu carachadh.
Ach 's beag bu chòir do dh'fhear do chàil,
Bhith labhairt an càs batailte;
Ged nach faiceadh tu do nàmhaid,
Ach air fàire, startadh tu;
'S ann thug ur càileachd anns a' chàs ud,
Bàrr air gheàrr nam machraichean;
Gum fòghnadh aon lasag fhùdair
Chur sgeimhle dlùth fur casan-se.

Dùin do bhilean 's gun thu 'd fhilidh,
Tog ded learan spaglainneach;
Phocain ghiorraich, thoir ort pilleadh,
Tha 'n torc-nimhe bagradh ort;
Tha saod millidh air do chinneadh,
Mun fhine ud a thachair riut;
Gur mairg bheir cuilgein às a spiolainn,
'N àm bhith sireadh sabaide.
Ach 's olc a bhagair thu cho gòrach,
Air an leòmhann againne;
Creutair aigeannach tha sònraicht'
Ri uchd-gleòis nuair thachradh e;
Lean buaidh-làrach anns gach càs leis,
Mar b' àbhaist 's bu chleachdadh leis;
Gum maoimeadh fèidh na h-Alba,
Ro charbad nan casteadh air.

'S tric a theich rod dheudaich,
Na creutairean bu churaistich;
Am pòr bu ghann do shealgairean,
A shealg anns na mullaichean;
'S ann latha *Sheriffmuir*,
A sgiùrs thu na h-uiread diubh;
'S gun thàr a-steach do Shruighlea
Am fuighleach a dh'fhuirich dhiubh.
Nam faiceadh sibh 'n damh Sàileach,
Le bhàrr àrd 's le ghliogaidean;
An còmhlan glas fon armaibh,
Fir chearbach nach misneachail;

Cha shaoileadh fear ri shealltainn,
Gun robh foill no bristeadh ann;
'S ann thàr e mach air às an rang,
'S an ruaig gu teann ri easgaidean.

Ma nì sibh tathaich anns an rathad,
Gheibh sibh caithream ghreadanach;
Le roinn na deannaibh dol gur sgamhain,
A' leum à maide feadanach;
Gheibh sibh doineann o Ghleann Garradh,
O chaithream na deas-làimhe;
'S o theanchair 'n leòmhainn bheucaich,
'S Cabar Fèidh cha teasraig sibh.
Bidh sibh fhathast mar as cathair,
Ann an tathaich eaglaisean;
Le gàir-chatha 's le ceann-claidheimh,
Cur gu Brathainn teicheadh oirbh;
Cruaidh gur caitheamh, sìos gur sgathadh,
Siorradh làmhan 's easgaidean;
'S gur lìonmhor pìob ag èigheach:
Ratreut air a' Chabar ud!

Moladh an Leòmainn

Air fonn "Cabar Fèidh".

Fàilt' an leòmhainn chreuchdaich,
As eug-samhail spracalachd!
Nuair dh'èireadh do chinn-fheadhna,
Bu mheadhrach am brataichean;
Nuair chruinnicheadh gach dream dhiubh,
Gu ceannsgalach tartarach,
Bhiodh pronnadh agus calltach,
Air nàimhdean a thachradh riuth';
Iad gu h-òirdheirc air bhàrr còrr-ghleòis,
Teinteach fìor-dhearg lasrachail.
'S àrd an stoirm air mhire-chonfhaidh,
'S lainn nan dòrn ri spealtaireachd,
Len geur-chalg a' sracadh bhalg,
A' gearradh cheann is chorpanna;
Cha sluagh gun chruaidh gun cheannsgal,
Len lann bheireadh fosadh orr'.

Dùisg a leòmhainn euchdaich,
'S dèan èirigh gu faramach,
Air brat ball-dearg brèid-gheal,
'S fraoch slèibhe mar bharran air;
Tog suas do cheann gu h-eutrom,
Sna speuraibh gu caithriseach,
'S thèid mi fhìn cho gèire
'S a dh'fheudas mi 'd arrabhaig;
Togam suas do mholadh prìseil,
'S do cheann rìoghail farasta.
Chan eil ceann no corp san rìoghachd,
An cruaidh-ghnìomh thug barrachd ort;
An ceann cruadalach àrd sgiamhach,
Maiseach fìor-dheas arranta,
'S tric thug sgairt ri uchd an fhuathais,
Ri àm luchd d' fhuatha tarraing riut.

Cò b' urrainn tàir no dìbleachd,
Gu dìlinn a bharalachadh?
No shamhlaicheadh riut mì-chliù,
A rìgh nan ceann barrasach;
A chreutair ghasta rìomhaich,

'S garg fìor-dheas do tharraing-sa;
Air brat glan den t-sìoda,
Ri mìn-chrann caol gallanach;
E ri plapraich ri crann brataich,
A' stalcadh chas gu h-eangarra;
'S còmhlain ghasta làn de ghaisge,
Teanal bras gu leanailt ris;
Fearg gu casgairt nan gnùis dhathte,
Fraoch is fras gu fearachas;
Bhiodh sgrios is lannadh sìos
Air luchd mì-rùin a bheanadh dhut.

Cha robh gorta gleòis
Air an t-seòrsa bhon ghineadh tu;
An dream rathail mhòrchuiseach,
Chòmhragach iomairteach;
Bu ghunnach dagach òr-sgiathach,
Gòrsaideach nimheil iad;
Bu domhainn farsainn creuchdach,
Cneadh euchdach am fireannach;
Iad gu sùrdail losgadh fùdair,
Toit is smùid o lasraichean;
Na fir ùra gheala lùthmhor,
A ghearradh smùis is aisnichean;
Lannan dùbh-ghorm geura cùl-tiugh,
'N glaic nam fiùran aigeantach;
A' sgoltadh chorp a-sìos gun rùmpaill,
Sùrd le sunnd air sracaireachd.

'S foinnidh fearail làidir,
Cuanta dàicheil cinneadail;
Sliochd nan Colla làmh-dhearg,
'S iad làn de dh'àrd-spiorad annt',
Is cho dian ri lasair chrà-dheirg,
'S gaoth Mhàirt a' cur spionnaidh innt'
Gun mheang gun mheirg gun fhàillinn,
Nur càileachd ged shirear sibh;
Na fir chogach thèid sna trodaibh,
Nach biodh ro lotaibh gioragach;
Nach iarr brosnadh ri àm cosgraidh,
A phronnadh chorp is mhionaichean;
A' sgathadh cheann, is làmh, is chos diubh,

Anns an toit le mire-chath;
Na fir bheura threun-fheardha,
Gheur-armach fhineadail!

Cinneadh maiseach treubhach,
Nan rèidh-chuilbhear acainneach:
Nach diùltadh dol air ghleus,
Ri àm feuma gu grad-mharbhadh;
Madaidh is ùird ghleusta,
Gu beumadh nan sradagan;
A' conas dearg ri chèile,
Cur èibhlean gu lasraichean;
Frasan dealanaich dearg pheilear,
Teachd bhur teine tartarach;
A' spadadh, a' pronnadh, 's a' leadairt
Nan corp ceigeach casagach;
Lannan dùbh-ghorm dol gun dùbhlan,
Gearradh smùis is aisnichean,
Aig na treunaibh cruaidh-bheumnach,
'S luath bhualadh speachannan,

Clann Dòmhnaill tha mi 'g ràdhainn,
An sàr-chinneadh urramach;
As tric a fhuair sna blàraibh,
Air nàmhaid buaidh-iomanach;
Iad feardha tapaidh dàna,
Cho làn de nimh ghunaidich
Ri nathraichean an t-slèibhe,
Len geur-lannaibh fulangach;
Iad gu sitheach gleusta cas-luath,
Rùnach bas-luath fulasgach;
Cruas na creige, luas na dreige,
Chluinnteadh fead am builleannan;
Na fir dhàna lùthmhor nàrach,
Fhoinnidh làidir urranta;
Cho garg ri tuil-mhaoim slèibhe,
No falaisg gheur nam monaidhnean!

A charraig dhaingeann dhìleant',
Nach dìobair gun acarachd;
Gluais suas gu spòrsail rìoghail,
Rod mhìlidhnibh gaisgeanta;
'S iad mìre geal na cruadhach,

Gun truailleadh gun ghaiseadh annt';
'S bòcain a chur ruaig iad,
Bheir buaidh len sluagh bras-bhuilleach;
'S iomadh fleasgach cùl-bhuidh' dòid-gheal,
As garbh dòrn is slinneanan;
Dh'èireas leat an tùs na còmhstri,
A nì còmhrag mion-bhuailteach;
Iad gu bonn-mhall bas-luath cròdha,
Sàitheach stròiceach iomairteach;
A' dol sìos ann an àm teugmhail,
Is leòmhann-beuc air mhire ac'.

A leòmhainn bheucaich ghruamaich,
'M bheil cruadal air tuineachadh;
As tric a dhearbh an cruaidh-chùis,
Sna buan-ruagaibh cumasgach;
An uair a spailpteadh suas thu.
Led bhuaidh ri crann fulangach,
Chìteadh confhadh ruaimleach,
An gruaidhean a h-uile fir;
'S daingeann seasmhach raing do fhleasgach,
Nuair bhiodh deise tarraing orr',
Cha toir eagal nàmhaid eag annt',
'S iad mar chreag nach caraicheadh;
'S glan am preas iad, chaoidh cha teich iad,
'S fiodh nach peasg den darach iad,
'S tric a fhuair sibh air ur nàmhaid,
Sna blàraibh buaidh chaithreamach.

Nan tigeadh ortsa fòirneart,
Gud leòn o chrìch aineolaich;
Coigrich le rùn dò-bheairt,
Gud chòir thoirt a dh'aindeoin dìot;
'S iomadh làn-cheann-Ìleach,
'S lainn lìomha 'm beairt dhainginn ann,
A thàirneadh suas rid shìoda,
Ded fhìor-fhuil, gud anacladh;
Fuirbidhean comasach nach cromadh,
Ro fhrois tholladh phearsanna;
Nach biodh somalt' dol air chollainn,
'N àm bhith sonnadh chlaigeannan;
Crùnluth lomarra ga phronnadh,

Air pìob lonnaich thartaraich;
A chuireadh anam anns na mairbh,
A dhol gu fear-ghleus gaisge leoth'.

Stoc Chlann Dòmhnaill dh'èireadh,
Len geugaibh 's lem meanganaibh;
B' i siud a' choille cheutach,
A b' eug-samhail 's bu cheannardaich,
Nuair thàirneadh iad ri chèile,
Gach treubh dhiubh gu fearachail;
'S mairg a spioladh feusag
An Leòmhainn ga ghreannachadh:
Bhiodh cinn is dùirn gan sgathadh dhiùbhsan
Ann an dùiseal lannaireachd;
Fuil ri feur-imeachd 's ri srùladh,
Feadh nan lùb 's nan cabhanan;
Bhiodh lannan lotach dùbh-ghorm,
Cur smùidrich de cheannaibh Ghall,
Is caoirean cruaidh is rànaich,
San àraich gu gearanach.

Càit am bheil san rìoghachd,
Am fear-ghnìomh thug barrachd oirbh?
No bhrosnaicheadh chùm strì sibh,
A mhìlidhnean bearraideach;
Na tuirean sgairteil prìseil,
Den fhìor-chruaidh nach fannaicheadh;
Dom b' àbhaist a bhith dìleas,
'S nach dìobradh na ghealladh iad;
Gadhair-chatha thèid mar shaighid,
Sìos len claidheamh-dealanaich;
Nach toir athadh gun dad athais,
Gus an sgath iad bealaich romp';
Cuirp gan sgathadh, cruaidh ga crathadh,
'S orra pathadh falanach;
Cluinnear fead ur claidhean,
Truagh-ghàir agus langanaich.

Tha iomadh mìle 'n Albainn,
De gharbh-fhearaibh fulasgach;
Sliochd Ghàidheil Ghlais is Scòta,
Thig deònach mur cularaibh;
Gun tig iad le rùn cruadail,

'S gum fuaigh iad gu bunailteach
Ri teanchair garg an leòmhainn,
'S ri spògaibh dearg fuileachdach.
Togaibh leibh gun airc gun easbhaidh,
Trom-fheachd seasmhach cunbhalach,
De laochraidh dheasa shunndach threasail,
Thèid neo-leisg san iomairt-sgleò;
Chan fhacas riamh na suinn nan geiltibh,
Dol an teas nan cumasgan,
Teichidh iad bhur stròicibh,
'S bhur sròlaibh breac duilleagach.

IORRAM

Gur neo-aoigheil turas Faoillich,
Ged bhiodh na daoine tàbhachdach.

An fhairge molach bronnach torrach,
Giobach corrach ràpalach.

'S cruaidh ri stiùireadh beul-mhuir dhùldaidh
Teachd le brùchdail chàrsanach.

Cladh a' chùlain, cha b' e 'n sùgradh,
'S e ri bùirean bàcanach.

An cùlanach fhèin chan e 's fhasa,
Agus lasan àrdain air.

Teachd gu dlùth an dèidh a chèile,
Agus geumnaich dàr' orra.

An fhairge bhàiteach 's a beul farsaing,
Agus acras àraidh oirr'.

'S mairg a choimeas muir ri mòintich,
Ged bhiodh mòr-shneachd stràct' oirre.

Neòil a' gealladh oidhche salaich,
Gun aon chala sàbhailte.

Dùbh-thràth dorcha gun dad gealaich,
Oirthir aineoil àrd-chreagach.

Gaoth a' sèideadh, muir ag èirigh,
'S fear ag èigheach àrd-ghuthach:

'Siud e tighinn 's chan ann righinn,
Cròch-mhuir frithearr' bàsanach.

Cùm ceann caol a fiùbhaidh dìreach,
Ri muir dhìth-luinn dhàsannaich.'

Ach dh'aithnich sinn gun sheòl sinn fada,
Mach san tabh, 's bu ghàbhaidh sin.

'S leag sinn a croinn is a h-aodach,
'S bu ghnìomh dhaoine càileachdach.

Chuir sinn a-mach cliathan rìghne,
Is bu ghrinn an t-àlach iad.

'S shuidh orr' ochdnar shonna troma,
'S sgoilteadh tonnan stàplainneach.

Hèig air chnagaibh, hùg air mhaidean,
'S cogall bhac air àbranaibh.

Iad a' mosgladh suas a chèile,
'S masgadh treun air sàil aca.

Sginean locrach ràmh à Lochlainn,
Bualadh bhoc air bàirlinnean.

Iad a' traoghadh suas na dìle,
Le neart fìor-gharg ghàirdeanan.

Cathadh-mara, 's marcachd-shìne,
'S stoirm nan sian gan sàrachadh.

Lasraichean shrad teine-sionnachain,
Dearg on iomradh chàileachdach.

Iad ag obair às an lèintean—
'Hùg is thèid' ga ràdhainn ac'.

Iorram àrd-bhinn shuas aig Eumann,
Ann an clèith ràmh bràghada.

Aonghas mac Dhonnchaidh da rèir sin,
Rìgh! bu treun a thàirneadh e.

Donnchadh MacUaraig a luadh leoth',
'S b' fhad buan a spàlagan.

Bha fuaim aon-mhaide air chlèith ac',
Bualadh spèicean tàbhachdach.

Ràimh gam pianadh, 's fir gan spìonadh
'N glacaibh iarnaidh àrd-thonnach.

Gallain chiatach leamhar-lioghach,
Fuirbidh dian gan sàrachadh.

Lunnan mìne 's dùirn gan sìneadh,
Seile sìos air dheàrnaichean.

Muir ag osnaich shuas mu toiseach,
Chuip-gheal chop-gheal ghàir-bheucach

Suas le sgùradh, saidh ri bùirean,
Le sìor-dhùrachd sàr-iomraidh.

Slabhraidh chùirneanach ri dùrdail
Shìos rinn stiùir a fàgail ann.

Gaoth na deannan 's i ri feannadh
Nan tonn ceann-fhionn ràsanach.

Na fir lùthmhor 'n dèidh an rùsgadh,
Cur na smùid den àlaichean.

Chaoidh cha mheataicheadh am misneach,
Na fir sgiobaidh thàbhachdach.

Rìgh an eagail, Neptun ceigeach,
Ri sìor-sgreadail— 'Bàthar sibh!'

Gum b' fhàth uamhainn muir ri nuallraich,
'S cathadh-cuain a' stràcadh oirr'.

Ghuidh an sgioba geur na dùilean;
'S fhuair an ùrnaigh gràsan daibh.

Smachdaich Eolus na speuran,
'S a bhuilg-shèididh àrd-ghaothach.

Gun d' rinn Neptun fairge lomadh
Mar bhiodh glainne sgàthain ann.

Sgaoil na neòil bha tonn-ghorm ciar-dhubh,
'S shoillsich grian mar b' àbhaist di.

'S mhothaich an sgioba do dh'fhearann,
'S ghlac iad cala sàbhailte.

Ghabh iad proinn, is deoch, is leaba,
'S rinn iad cadal sàmhach oirr'.

Bìrlinn Clann Raghnaill

I: Beannachadh na Luinge
Gum beannaicheadh Dia long Chlann Raghnaill,
An ciad là do chaidh air sàile.
E fhèin 's a thrèin-fhir ga caitheamh,
Trèin a chaidh thar mathas chàich.
Gum beannaich an Comhdhia naomh,
Ionnrais anail nan speur.
Gun sguabteadh garbhlach na mara,
Gur tarraing gu cala rèidh.
Athair a chruthaich an fhairge,
'S gach gaoth shèideas às gach àird,
Beannaich ar caol-bhàrc 's ar gaisgich—
Cùm i fhèin 's a gaisreadh slàn.
A Mhic, beannaich fhèin ar n-acair,
Ar siùil, ar beairtean, 's ar stiùir;
'S gach droineap tha 'n crochadh rir crannaibh,
'S thoir gu cala sinn led iùl.
Beannaich ar racan 's ar slat,
Ar croinn 's ar taoda gu lèir;
An stadh; 's ar tarraing, cùm fallain,
'S na leig-sa nar caraibh beud.
An Spiorad Naomh biodh air an stiùir,
Seòladh E 'n t-iùl a bhios ceart:
Is eòl da gach long-phort fon ghrèin—
Tilgeamaid sinn fhèin fo bheachd.

II: Beannachadh nan Arm
Gum beannaicheadh Dia ar claidhnean,
'S ar lannan spàinneach geur-ghlas;
Ar lùirichean troma màillich
Nach geàrrteadh le faobhar tais;
Ar làmhainnean-cruadhach 's ar gòrsaid,
'S ar sgiathan ion-dealbhach dualach.
Beannaich ar n-armachd gu h-iomlan,
Th' air ar n-iomchar, 's ar crios-guailne.
Ar boghachan foidhneulach iubhair,
Ghabhadh lùthadh ri uchd tuasaid;
'S na saighde beithe nach spealgadh,
Ann am balgan a' bhruic ghruamaich.
Beannaich ar biodag 's ar daga,

'S ar fèileadh gast' ann an cuaichean;
'S gach trealaich cath agus còmhraig
Tha 'm bàrc Mhic Dhòmhnaill san uair seo.
Na biodh sìmplidheachd oirbh no taise,
Gu dol air ghaisge le cruadal,
Fhad 's a mhaireas ceithir bùird dith,
No bhios càraid shùdh dhi fuaighte;
Fhad 's a shnàmhas i for casan,
No dh'fhuireas cnag dhith 'n uachdar;
Dh'aindeoin aon fhuathais dam faic sibh,
Na meataicheadh gart a' chuain sibh.
Ma nì sibh cothachadh ceart,
'S nach mothaich an fhairge sibh dìblidh,
Gun ìslich a h-àrdan 's a beachd,
'S dar cosnadh sgairteil gun strìochd i.
Do chèile-còmhraig air tìr,
Mur faic e thu cinntinn tais,
Is dòch' e bhogachadh san strì,
Na cinntinn idir nas brais.
Is amhail sin a ta mhuir mhòr:
Coisinn i le colg 's le sùrd,
'S ùmhlaichidh i dhut fa dheòigh,
Mar a dh'òrdaich Rìgh nan Dùl.

III: Brosnachadh Iomraidh
Gun cuirt' an iùbhrach dhubh, dhealbhach,
An àite-seòlaidh:
Sàthaibh a-mach cleathan righinn,
Liogh-lom, còmhnard;
Ràimh mhìn-lunnach, dhealbhach,
Shocair, eutrom,
A nì 'n t-iomradh toirteil, calma,
Bas-luath caoir-gheal;
Chuireas an fhairge na sradaibh
Suas sna speuraibh,—
Na teine-sionnachain a' lasadh,
Mar fhras èibhlean.
Le buillean gailbheacha, tarbhach.
Nan cleith troma,
Bheir air na bòc-thonnan anfhach
Lot len cromadh,
Le sginibh nan ràmh geal, tana,

Bualadh chollainn
Air mullach nan gorm-chnoc gleannach,
Garbhlach, tomach,
Ò sìnibh, tàirnibh, is lùbaibh
Anns na bacaibh!
Na gallain bhas-leathann ghiùthsaich,
Le lùths ghlac geal;
Na fuirbidhnean troma, treuna,
Laighe suas orr',
Len gàirdeanaibh dòideach, fèitheach,
Gaoisneach, cnuacach,
Thogas 's a leagas le chèile;
Fo aon ghluasad,
Na gathan liogh-leamhar rèidhe
Fo bhàrr stuadhan;
Iorcallach garbh an tùs clèithe
'G èigheach shuas oirr'
Iorraim a dhùisgeas spèirid
Anns na guaillean;
A sparras a' bhìrlinn le sèitrich
Thro gach fuar-ghleann.
A' sgoltadh na bòc-thuinne beucaich
Le saidh chruaidh, chruim,
Dh'iomaineas beanntaichean bèisteil
Ro dà ghualainn.
Hùgan air cuan an nuallain ghàirich,
Hèig air chnagaibh;
Faram le bras-ghaoir na bàirlinn
Ris na maidibh;
Ràimh gam pianadh, 's balgain-fhal'
Air bois gach fuirbidh.
Na suinn làidir, gharbha, thoirteil,
As cop-gheal iomradh;
Chreanaicheas gach bòrd de darach—
Bìgh is iarrann;
'S lannan gan tilgeil le staplainn
Chnap ri sliasaid.
Fòirne fearail a bheir tulgadh
Dugharra, dàicheil;
A sparras a' chaol-bhàrc ghiùthsaich
An aodann àibheis;
Nach pillear le friogh nan tonn dùbh-ghorm

Le lùths ghàirdean;
Siud an sgioba neartmhor, sùrdail
Air chùl àlaich;
A phronnas na cuairteagan cùl-ghlas
Le rogha ràmhachd;
Gun sgìos, gun airteal, gun lùbadh
Ri uchd gàbhaidh.

IV: An Iorram

An sin, an dèidh do na sia fir dheug suidhe air na ràimh chùm a h-iomradh gu ionad-seòlaidh, ghlaodh Calum Garbh mac Raghnaill nan Cuan iorram oirre, 's e air ràmh-bràghad, agus 's i seo i.

Nis on rinneadh ur taghadh,
'S gur coltach dhuibh bhith nur roghainn,
Thugaibh tulgadh neo-chladharra, dàicheil.

Thugaibh tulgadh neo-chearbach,
Gun airteal, gun dearmad,
Gu freastal na gailbhinne sàil-ghlais.

Tulgadh danarra threun-ghlac,
Righeas cnàmhan is fèithean,
Dh'fhàgas soilleir o cheuman an àlaich.

Sgobadh fonnmhor gun èislean,
Ri garbh-bhrosnach' a chèile—
Iorram ghleust' ann am beul fir ràimh bràghad.

Cogall ràmh air na bacaibh,
Leòis is rùsgadh air bhasaibh,
'S ràimh gàn snìomh ann an achlaisean àrd-thonn.

Biodh ur gruaidhean air lasadh,
Biodh ur bas gun leòb chraicinn,
Fallas-mala bras-chnapadh gu làr dhibh.

Sìnibh, tàirnibh, is lùthaibh
Na gallain liogh-leamhar ghiùthais,
'S dèanaibh uidhe thro shruthaibh an t-sàile.

Cliath ràmh air gach taobh dhith,
Masgadh fairge le saothair,
Dol na still ann an aodann na bàirlinn.

Iomraibh còmhla, glan, gleusta,
Sgoltadh bòc-thuinne beucaich—
Obair shunndach, gun èislean, gun fhàrdal,

Buailibh cothromach, treun i,
Sealltainn tric air a chèile,
Dùisgibh spiorad nur fèithean 's nur gàirdnean.

Biodh a darach a' collainn
Ris na fiadh-ghleannaibh bronnach,
'S a dà shliasaid a' pronnadh gach bàirlinn.

Biodh an fhairge ghlas, thonnach,
'G at na garbh-mhòthar lonnach,
'S na h-àrd-uisgeachan bronnach sa ghàirich.

A' ghlas-fhairge sìor-chopadh
Steach mu dà ghualainn-thoisich,—
Sruth ag osnaich o shloistreadh a h-eàrr-lainn.

Sìnibh, tàirnibh, is lùbaibh
Na gathan mìn-lunnach, cùl-dearg,
Le imirceadh smùis ur garbh-ghàirdean.

Cuiribh fodhaibh an rubh' ud,
Le fallas-mala a' sruthadh,
'S togaibh siùil rith' o Uibhist nan cràdh-ghèadh.

V: Dh'iomair Iad an Sin i gu Ionad-Seòlaidh
An sin nuair thàr iad a seòladh
Gu fìor-ghasta;
Shaor iad na sia ràimh dheug
A-steach throm bacaibh,
Sgathadh grad iad sìos ri sliasaid,
Sheachnadh bhac-bhrèid,
'S dh'òrdaich Clann Dòmhnaill da uaislibh
Sàr-sgiobairean cuain bhith aca,
Nach gabhadh eagal ro fhuathas
No gnè thuairgnidh thachradh.

VI:
Dh'òrdaicheadh an dèidh an taghadh, a h-uile duine dhol an seilbh a ghrama àraidh fhèin, 's an co-lorg sin, ghlaodhadh ris an stiùireamach suidhe air an stiùir anns na briathraibh seo:

Suidheadh air stiùir trom-laoch leathann,
Neartmhor, fuasgailt',
Nach tilg bun no bàrr sùmaid
Fairge uaithe;
Clàireineach taiceil làn spionnaidh,
Plocach, màsach,
Mion-bheumannach, faicleach,
Furachail làn nàistinn.
Bunnsaidh cudromach, garbh, socair,
Solta, lùthmhor;
Eirmseach, foighidneach, gun ghribheag
Ri uchd tùilinn;
Nuair a chì e 'n fhairge ghiobach
Teachd le bùirean,
Chumas a ceann-caol gu sgiobaidh
Ris na sùghaibh.
Chumas gu socair a gabhail,
Gun dad luasgain.
Sgòd is cluas gan rian le amharc,
Sùil air fuaradh,
Nach caill aon òirleach na h-òrdaig
De cheart-chùrsa,
Dh'aindeoin bàrr shùmaidean-mara
Teachd le sùrdaig.
Thèid air fuaradh leath' cho daingeann,
Mas a h-èiginn,
'S nach bi lann no reang na darach
Nach toir èigh ast'.
Nach taisich 's nach tèid na bhreislich,
Dh'aindeoin fuathais,
Ged dh'atadh a' mhuir cheann-ghlas—
Suas gu chluasaibh,
Nach b' urrainn di 'm fuirbidh chreanachadh
No ghluasad
À ionad a shuidhe, 's e tèarainnt',
Is ailm na asgaill
Gu freastal na seann-mhara ceann-ghlais,
Gleann-ghairbh, ascaoin.
Nach criothnaich le fuaradh-cluaise
An taoid-aoire;
Leigeas leatha ruith is gabhail,
'S làn a h-aodaich.

Cheanglas a gabhail gu daingeann
Am bàrr gach tuinne.
Falbh dìreach na still gu cala
'N àird gach buinne.

VII: Dh'òrdaicheadh a-Mach Fear-Beairte
Suidheadh toirtealach garbh-dhòideach
An glaic beairte.
A bhios stàideil, làn de chùram,
Graimpidh, glacmhor;
Leigeas cudrom air ceann slaite
Ri àm cruadhaich;
Dh'fhaothaicheas air crann 's air acainn,
Bheir dhaibh fuasgladh;
Thuigeas a' ghaoth mar a thig i—
A rèir seòlaidh;
Fhreagras mion le fearas-bheairte,
Beum an sgòd-fhir;
Sìor-chuideachadh leis an acainn
Mur fàilnich buill-bheairte
Reamhar ghaoisid.

VIII: Chuireadh air Leth Fear-Sgòid
Suidheadh fear-sgòid air an tobhta:
Gàirdean làidir
Nan ruighinnean gaoisneach, fèitheach,
Reamhar, cnàmhach;
Cràgan tiugha, leathann, cliathnach,
Miar-gharbh, cròcach;
Mach 's a-steach an sgòd a leigeas,
Le neart sgròbaidh;
An àm cruadhaich a bheir thuig' e,
Gaoth ma shèideas;
'S nuair nì an oiteag lagadh,
Leigeas beum leis.

IX: Dh'òrdaicheadh air Leth Fear-Cluaise
Suidheadh fear cnaparra, taiceil,
Gasta, cuanta,
Làimhsicheas a' chluas, neo-lapach,
Air a fuaradh.
A bheir imrich sìos 's a-suas i
Chùm gach urracaig,

A rèir 's mar a thig an soirbheas,
No bàrr urchaid;
'S ma chì e 'n ionnrais ag èirigh,
Teachd le osnaich,
Lomadh e gu gramail, treunmhor
Sìos gu stoc i.

X: Dh'òrdaicheadh don Toiseach Fear-Iùil

Èireadh màirnealach na sheasamh
Suas don toiseach;
'S dèanadh e dhuinn eòlas seasmhach,
Cala choisneas;
Sealladh e 'n ceithir àirdean
Cian an adhair,
'S innseadh e do dh'fhear na stiùrach:
'S math a gabhail.
Glacadh e comharradh-tìre
Le sàr-shùil-bheachd,
On 's e sin as dia gach sìde,
'S as reul-iùil dhuinn.

XI: Chuireadh air Leth Fear Calpa na Tàirne

Suidheadh air calpa na tàirne,
Fear gun soistean:
Snaomanach fuasgailteach, sgairteil,
Foinnidh, solta;
Duine cùramach, gun ghribheag,
Ealamh, gruamach,
A bheir uaipe 's dhi mar dh'fheumas,
Gleusta, luaineach.
A laigheas le spadhanna troma,
Treun air tarraing;
Air cudrom a dhòid a' cromadh
Dh'ionnsaigh daraich;
Nach ceangail le sparraig mun urracaig
An taod friothair;
Ach, gabhail uime daingeann, seòlta,
Le lùib-ruithe;
Air eagal, nuair a sgarar an t-abhsadh,
I chur stad air;
Los i ruith na still le crònan
Far na cnaige.

XII:
Chuireadh air leth fear innse nan uisgeachan 's an fhairge air cinntinn tuilleadh 's molach; 's thuirt an stiùireamach ris:

Suidheadh fear innse gach uisge,
Làmh rim chluais-sa;
'S cumadh e shùil gu biorach
An cridhe 'n fhuaraidh,—
Taghaibh an duine leth-eaglach,
Fiamhach, sicir;
'S cha mhath leam e bhith air fad
Na ghealtair riochdail.
Biodh e furachail, an uair a chì e
Fuaradh-froise,
Cia dhiubh bhios an soirbheas na deireadh,
No na toiseach,
'S gun cuireadh e mis' air m' fhaicill
Suas gam mhosgladh,—
Ma nì e gnè chunnairt fhaicinn,
Nach bi tostach;
'S ma chì e coltas muir-bhàite
Teachd le nuallan,
Sgairteas cruaidh, ceann caol a fiodha
Chumail luath ris.
Biodh e àrd-labhrach, cèillidh
'G èigheach, 'Bàirlinn.'
'S na ceileadh e air fear na stiùrach,
Ma chì e gàbhadh.
Na biodh fear innse nan uisgeachan
Ann ach esan:
Cuiridh gribheag, brìot, is gusgal,
Neach na bhreislich.

XIII:
Dh'òrdaicheadh a-mach fear-taomaidh 's an fhairge bàrcadh air am muin rompa 's nan dèidh.

Freastladh air leaba na taoime,
Laoch a bhios fuasgailt',
Nach fannaich gu bràth 's nach tiomaich
Le gàir chuantan;
Nach lapaich 's nach meataich fuachd sàile,
No clach-mheallain

A' laomadh mu bhroilleach 's mu mhuineal
Na fuar-steallaibh;
Le crùmpa mòr, tiugh, fiodha,
Na chiar-dhòidibh,
Sìor-thilgeil a-mach na fairge,
Steach a dhòirteas;
Nach dìrich a-chaoidh a dhruim lùthmhor
Le rag-èarlaid,
Gus nach fàg e sile 'n grunnd,
No 'n làr a h-èarr-lainn;
'S ged a chinneadh a bùird cho tolltach
Ris an rideal,
Chumas cho tioram gach cnag dhith,
Ri clàr buideil!

XIV:
Dh'òrdaicheadh dithis gu draghadh nam ball chùl-aodaich is coltas orra gun tugteadh na siùil uapa le ro-ghairbhead na sìde.

Cuiribh càraid làidir, chnàmh-reamhar,
Ghairbneach, ghaoisneach,
Gum freastladh iad tèarainnte, treun, ceart,
Buill chùl-aodaich.
Le smùis is le meud lùiths
An ruighean treuna,
'N àm cruadhaich bheir oirre steach e
No leigeas beum leis,
Chumas gu sgiobaidh a-staigh e
Na teis-meadhan.—
Dh'òrdaichinn Donnchadh MacCarmaig
Is Iain mac Iain,
Dithis starbhanach theòma, ladarn'
De dh'fhearaibh Chanaidh.

XV:
Thaghadh seisear gu fearas-ùrlair, an earalas nach fàilnicheadh a h-aon de na thuirt mi, no nach spìonadh anfhadh na fairge mach thar bòrd iad, 's gun suidheadh fear dhiubh seo na àite.

Èireadh seisear ealamh, ghleusta,
Làmhach, bheòtha,
Shiùbhlas, 's a dh'fhalbhas, 's a leumas
Feadh gach bòrd dith,

Mar ghèarr-fhiadh am mullach slèibhe
'S coin ga còpadh.
A streapas ri cruaidh-bhallaibh rèidhe
Den chaol-chòrcaich,
Cho grad ri feòragan Cèitein
Ri crann rò-choill.
Bhios ullamh, ealamh, treubhach,
Falbhach, eòlach,
Gu toirt di, 's gu toirt an abhsaidh
'S clabhsail òrdugh—
Chaitheas gun airteal, gun èislean,
Long Mhic Dhòmhnàill.

XVI:
Bha h-uile goireas a bhuineadh don t-seòladh, a-nis air a cur an deagh riaghailt, agus theann a h-uile laoch tapaidh, gun taise, gun fhiamh, thun a' cheart-ionaid an d' òrdaicheadh dha dol; agus thog iad na siùil mu èirigh na grèine, là fhèill Brìghde— a' togail a-mach o bhun Loch Aoineart an Uibhist a' Chinn a Deas.

A' ghrian a' faoisgneadh gu h-òr-bhuidh'
Às a mogal;
Chinn an speur gu dubhaidh, dòthte,
Làn de dh'ogl'achd;
Dh'fhàs i tonn-ghorm, tiugh, tàrr-lachdann.
Odhar, iargalt';
Chinn gach dath bhiodh ann am breacan,
Air an iarmailt;
Fadadh-cruaidh san àird an iar oirr'—
Stoirm na coltas.
Neòil shiùbhlach aig gaoith gan riasladh—
Fuaradh-frois' oirr'.—
Thog iad na siùil bhreaca,
Bhaidealacha, dhìonach;
Shìn iad na calpannan raga,
Teanna, rìghne,
Ri fiodhannan àrda, fada,
Nan colg bith-dhearg;
Cheangladh iad gu gramail, snaompach,
Gu neo-chearbach,
Thro shùilean nan cromag iarrainn,
'S nan cruinn-fhailbheag.

Cheartaich iad gach ball den acainn,
Ealamh, dòigheil,
'S shuidh gach fear gu freastal tapaidh,
Bhuill bu chòir dha.
An sin dh'fhosgail uinneagan an adhair,
Ballach, liath-ghorm,
Gu sèideadh na gaoithe greannaich,
'S bannail, iargalt'.
Tharraing an cuan dùbh-ghlas
Air gu h-uile,
Mhantal garbh, caithteanach, ciar-dhubh,
'S sgreataidh buinne.
Dh'at e na bheannaibh 's na ghleannaibh
Molach, robach.
Gun do bhòc an fhairge cheigeach
Suas na cnocaibh.
Dh'fhosgail a' mhuir ghorm na craosaibh
Farsaing, cràcach;
An gloicibh a chèile ri taosgadh—
'S caonnag bhàsmhor.
Gum b' fhear-ghnìomh bhith 'g amharc an aodann
Nam maom teinntidh—
Lasraichean sradanach sionnachain
Air gach beinn diubh.
Na beulanaich àrda, liath-cheann,
Ri searbh-bheucail.
Na cùlanaich 's an cladh dùdaidh
Ri fuaim gheumnaich.
Nuair dh'èireamaid gu h-allail
Am bàrr nan tonn sin,
B' èiginn an t-abhsadh a bhearradh
Gu grad-phongail.
'S nuair a thuiteamaid le ion-slugaidh
Sìos sna gleanntaibh,
Bheirteadh gach seòl a bhiodh aic'
Am bàrr nan crann dith.
Na ceòsanaich àrda, chroma,
Teachd sa bhàirich;
Mun tigeadh iad idir nar caraibh,
Chluinnte 'n gàirich;
Iad a' sguabadh nan tonn beaga,
Lom, gan sgiùrsadh.

Chinneadh i na h-aon-mhuir bhàsmhoir,—
'S càs a stiùireadh.
Nuair thuiteamaid fo bhàrr
Nan àrd-thonn giobach,
Gur beag nach dochainneadh a sàil
An t-aigeal sligneach.
An fhairge ga maistreadh 's ga sloistreadh
Throimh' a chèile.
Gun robh ròin is miala-mòra
Am barrachd èiginn:
Onfhadh is confhadh na mara,
'S falbh na luinge,
Sradadh an eanchainnean geala,
Feadh gach tuinne,
Iad ri nuallanaich àrd-uamhannaich,
Shearbh, thùrsaich,
Ag èigheach, 'Is ìochdarain sinne,
Draghaibh chùm bùird sinn.'
Gach mion-iasg bha san fhairge
Tàrr-gheal tionndaidht',
Le gluasad confhach na gailbhinn,
Marbh, gun chunntas.
Clachan is maorach an aigeil
Teachd an uachdar:
Air am buain a-nuas le slacraich
A' chuain uaibhrich.
An fhairge uile 's i na brochan,
Strioplach, ruaimleach;
Le fuil 's le gaorr nam biast lorcach,
Droch dhath ruadh oirr'.
Na biastan adharcach, iongach,
Pliutach, lorcach,
Làn-cheann—sian nam beòil gun giallaibh,
'S an craos fosgailt'.
An aibheis uile làn bhòcan,
Air cràgradh;
Le spògan 's le earbaill mhòr-bhiast
Air màgradh.
Bu sgreamhail an ròmhan sgreuchach—
Bhith ga èisteachd,
Thogadh iad air caogad mìlidh
Aotruim' cèille.

Chaill an sgioba càil an claisteachd,
Ri bhith 'g èisteachd
Ceilearadh sgreadach nan deomhan,
'S mòthar bhèistean.
Foghar na fairge, 's a slacraich
Gleac ri darach;
Fosghair a toisich a' sloistreadh
Mhuca-mara;
Ghaoth ag ùrachadh a fuaraidh
Às an iar-àird.
Bha sinn leis gach seòrsa buairidh,
Air ar pianadh.
Sinn dallte le cathadh-fairge
Sìor-dhol tharainn.
Tàirneanach aibheiseach rè oidhche,
'S teine-dealain.
Fàileadh is teine na beathrach
Gar glan-thachdadh.
Na dùilean uachdrach is ìochdrach,
Rinn a' cogadh:
Talamh, teine, uisge, 's sian-ghaoth
Rinn air togail,
Ach nuair dh'fhairtlich air an fhairge
Toirt oirnn strìochdadh,
Ghabh i truas le fàite-ghàire,
'S rinn i sìth rinn.
Ged rinn, cha robh crann gun lùbadh,
Seòl gun reubadh,
Slat gun sgaradh, ràc gun fhàillinn,
Ràmh gun èislean!—
Cha robh stadh gun stuadh-leumnadh,
Beairt gun ghaise,
Tarrang no cupladh gun bhristeadh—
Fise, faise!—
Cha robh tobhta no beul-mòr ann
Nach tug aideach;
Bha h-uile crannghail is goireas
Air an lagadh.
Cha robh achlasan no aisne dhith
Gun fhuasgladh;
A slat-bheòil 's a sguitichean-asgaill
Air an tuairgneadh.

Cha robh falmadair gun sgoltadh,
Stiùir gun chreuchdadh,—
Cnead is dìosgan aig gach maide,
'S iad air dèisgeadh.
Cha robh crann-tarrang gun tarraing,
Bòrd gun obadh—
H-uile lann a bh' air am barradh,
Ghabh iad togail.
Cha robh tarrang gun tràladh,
Cha robh calp' ann gun lùbadh,—
Cha robh aon bhall a bhuineadh dhise
Nach robh nas miosa na thùbhradh!
Ghairm an fhairge sìochaint rinne
Air crois Chaol Ìle,
'S fhuair a' gharbh-ghaoth, shearbh-ghlòireach,
Òrdugh sineadh.
Thog i uainn do dh'ionadaibh uachdrach
An adhair.
'S chinn i dhuinn na clàr rèidh, mìn-gheal,
An dèidh a tabhann.
'S thug sinn buidheachas don Àrd-rìgh
Chùm na dùilean,
Deagh Chlann Raghnaill a bhith sàbhailt'
O bhàs brùideil.
'S an sin bheum sinn na siùil thana,
Bhallach, thùilinn.
'S leag sinn a croinn mhìn-dhearg, ghasta,
Air fad a h-ùrlair.
'S chuir sinn a-mach ràimh chaola, bhaisgeant'
Dhathte, mhìne,
Den ghiuthas a bhuain MacBharrais
An Eilean Fhìonain.
'S rinn sinn an t-iomradh rèidh, tulganach,
Gun dearmad;
'S ghabh sinn deagh long-phort aig barraibh
Charraig Fhearghais.
Thilg sinn acraichean gu socair
Anns an ròd sin;
Ghabh sinn biadh is deoch gun airceas,
'S rinn sinn còmhnaidh.

Crìoch Tionndadh na Bliadhna 1891

Òran don Bana-bàrd Nig'n an Nòtair

Bho thionndadh na bliadhna 1839.

A nigh'n Donnchaidh duibh nòtair
Bha thu gòrach nuair thòisich
Thu dìteadh Clann Chamshroin,
'S Clann Dòmhnaill a' chruadail:
Mar rachadh na fir ud
A mhilleadh le luaidhe,
Gun tugadh na gillean
Dhe chinneadh na cluasan.

Fhuair mi do litir,
Cha robh idir a' chèir oirr';
'S beag a ruigeadh i leas i
Bu phailt agad fhèin i;
Bha i agad am falach
Fo bhanna do lèine,
Thall air do chùlaibh,
Fon fheadan mhùgach a' sèideadh.

'S ann agad tha 'n t-seiche
Nach robh idir staingte
Ged bhite ga bualadh
O thoiseach an t-samhraidh,
Gu deireadh an earraich,
An fhoghair, 's a' gheamhraidh,
Bhiodh i cho molach
Ri dronnag an t-seann bhruic.

Tha brù ort, a thrustair,
Mar ghuit no mar chriathar;
Tha cìochan do bhroillich
Mar sporan gun iallan;
Tha soic mar a' mhuc ort
A thrusas na biastan;
Bidh gràin air a' chràin
A nì dà uair do chliathadh.

'S ann agad tha chlàrsach
Tha grànnda ri fhaicinn,
Gun innte de theudan
Ach gaoisid air pabadh;
Ged rachadh a gleusadh,
Cha seinn i ach glagach,
Nuair a thèid an crann-ciùil innt'
'S e mùn a thig aiste.

Òrain no Bloigean Dubh on Làm-sgrìobhann

Dh'fhoillsicheadh a' mhòr-chuid dhiubh seo anns a' Cheltic Review an toiseach. Rinneadh caisgireachd an sin air na sreathan 'mì-iomchaidh'.

Nach Goirid on a Ghabh Sinn Air

Nach goirid on a ghabh sinn air
Eòin Cop am Prestonpans,
Le ceithir mìle coisiche
'S na bha de mharc-shluagh ann;
Le ochd ceud deug milisi
De smior nan Gàidheal mòr,
Gun mharbh sinn is gun ghlac sinn iad
Le basgar chlaidheimh mhòir.

San Eaglais Bhric gun theich iad uainn
Le maoim a bha ro mhòr;
An ionfantraidh 's na h-eich a bh' ann
Le geilt nach biodh iad beò;
Ghlac teasach gharbh is *panic* iad
Ror lannan a bha geur;
Thilg iad an airm 's an anam uath',
'S na h-airm dh'anacladh iad fèin.

Och 's iomadh blàr an àirmhinn-sa
A' ghràisg ud a bhith fann,
Nan cunntamaid a-suas air n-ais
An seana chleachdadh bh' ann;
Gur h-ann diubh là Bhannockburn,
An tug sinn deannal cruaidh;
'S latha Choille Chragaidh sin
'N do chnag sinn iad don uaigh.

Ò rèisimeidean Theàrlaich sin!
Dlùth-thàrlamaid nar rang;
Gu claidhmheach sgiathach caismeachdach,
'S ar brataichean rir crann:

Ar crochadh is ar creachannan,
'S cur dhinn air bhloc nan ceann,
Thug'maid mach ar n-aicheamhal,
Seo an cleachdadh riamh a bh' ann!

Ò fuigheall arm tha maireann dinn!
Dlùth-charaicheamaid suas,
Le misnich mhòir 's le barantas,
Ar n-earraig thug'maid uainn:
Le rùn nach tionndaidh sinn ar cùl
Rir biùthannan gu bràth.
Ò togamaid le oighre chrùin,
Seo 'n aon uair gu bheil dà.

Nach nàr dhut fèin mar thachair dhut,
Ò Albainn bhochd tha truagh?
Gann làn an dùirn de Ghàidhealaibh
Fhàgail ri h-uchd buailt'!
Nach sumain thu do chruadal mòr,
Shliochd Scòta sin nan lann?
'S dìoghlamaid air muinntir Dheòrs',
Fuil phrionnsail mhòr nan Clann!

Ò 'n adhlaic sibh an dì-chuimhne
'N seana chruadal mòr a bhà
An dualchas dhuibh bhur sinnsearachd,
Len d' fhuair sibh riamh na blàir?
Ò togaibh suas gu h-innsgineach
Ur n-inntinnean gu h-àrd,
Nach sinn air bheagan mhìltean leinn
A thug leinn fhìn Harlà?

Nach d' fhairtlich air na Ceusaraibh
Buaidh gheur-lann fhaotainn oirnn?
'S am math sinn do na bèistibh ud
Gun leag iad fèin ar sròn?
Ò èiribh suas neo-èisleanach,
Lur geur-lannaibh nur dòrn,
Sgriosaibh às gach reubalach,
A dh'èireas le Rìgh Deòrs'!

Ò Ghàidhealtachd, mas cadal dut,
Na fuirich fad' ad shuain;

Guidheam ort, na lagadh ort,
'S do chliù ga shladadh uat.
Och, mosgail suas gu h-aigeantach,
Le fearg ad lasair ruaidh;
'S còmhdaich an aon bhaiteal daibh,
Nach do bhogaich dad ded chruaidh.

Clò MhicIlleMhìcheil

Hùg air clò MhicIlleMhìcheil!
O hùgaibh hùg dha-rìribh!
Hùg air clò MhicIlleMhìcheil!

Òganaich ùir a' chùil teudaich!
'S oil leam eudach a bhith dhìth ort.

Gun chuir Albainn clò am beairt dut,
'S nuair thig e aist' cha b' i an t-sìth i!

Bidh e fighte cùmta luaidhte,
Mus tig oirnn buain na Fèille Mìcheil!

Gheibh mise culaidh ga shuathadh,
Ma tha gruagaichean san rìoghachd.

Gum bi do chlò ruadh-sa luaidhte,
Le gaorr, fuil, is fual ga stìopadh.

Nì mi fhèin dhut sgioba clèithe
Den phòr as gleust' tha sa Chrìostachd.

Gun tig bannal oirnn à Slèite,
'S air do chlèith-s' gun dèan iad dìcheall.

Gun tig gruagaichean Chlann Raghnaill,
Còmhlain dhàicheil nach dèan dìobradh.

Thig sgiob' eil' à Gleanna Garradh
Luaidheas gu faramach dìonach.

Gun tig nìghneagan on Cheapaich
A bheir caithris air mun sgìthich.

'S buidheann mhaighdeann à Gleann Comhann,
Fùcadairean coimheach rìoghail.

'S gheibh sinn sgioba eil' à Èirinn,
O Iarl' Aontrom nan steud rìomhach.

Gun tig Leòdaich oirnn lem bannal,
'S luaidhidh iad gu daingeann lìomhaidh.

Dhaibhsan caileagan Chlann Ghriogair,
'S nuair a thig iad, nì iad sìor-luadh.

Dèanaibh an luadh-làmh gu guineach,
'S thugaibh fuil air mac na strìopaich!

Na b' ionnan seo 's an luadh dosgach
Bha 'n Cùil Lodair nuair a phill sinn.

Cuireamaid na èideadh Teàrlach,
Sracamaid an àird ar dìchill.

Mìle marbhphaisg air na brùidibh
Nach do rinn fùcadh na thìm dhut.

Dh'fhaodadh e bhith 'n-dràsta umad
Na thrusgan urramach rìoghail.

An t-Aodach Bòidheach Bòstail Dreachmhor

An t-aodach bòidheach bòstail dreachmhor
A thoirt uainn airson mùtan casaig;
'S bochd 's is truagh a' chùis ma thachras,
A bhith nar tràillibh aig fearaibh Shasainn.

Nara mhealadh mise casag,
No mo chòta geàrr den tartan,
Mur h-eil mi toileach a dhol gan sracadh,
Chartadh Dheòrsa Hanobhar dhachaigh.

Nara mhealadh mi mo lèine,
Ged 's i 's blàithe th' orm dem èideadh,
Mur h-eil mi sanntach a dhol ga spèiceadh,
A dh'fhògradh Dheòrsa 's a chrùnadh Sheumais.

Nara mhealadh mi mo bhreacan,
M' uile mhaoin, mar sin 's mo phearsa,
Mur h-eil mi toileach an ìobradh 'n ceartair,
An adhbhar an Rìgh 's a' cheartais.

Nara mhealadh mi mo ghòrsaid,
'N daga, bhiodag, 's an claidheamh mòr-sa,
Mur h-eil mi toileach a dhol leoth' chòmhrag,
A dh'fhuadach Uilleim gu grunnd Hanòbhair.

An t-anam fèin ge geur ri ràdh e,
Nara mhealadh mise ràith e,
Mur h-eil mi toileach le rùn chàirdean,
A dhol ga sgiachdadh an adhbhar Theàrlaich.

Och mo dhèideag a dh'fhearaibh saoghalta!
Freastail oirnne is tog a' chaonnag;
'S na dèan fàrdal teachd led dhaoine,
Mun toirear dhinne an t-arm 's an t-aodach.

'S èiridh sinne gu sunndach gleusta,
Mùirneach lùthmhor rùnach leumnach,
Gu foirmeil gasta gu tartar feuma,
Ler lannaibh sgaiteach gu sracadh reubal.

Èiridh sinne le combaidh leòmhann,
Nuair bhiodh acras geur gu feòil orr';
Sinn cho sgairteil gu sgrios nan Deòrsach,
'S lasair bhras nam fraoch-chnoc mòinteach.

Èiridh sinne le fìor rùn cosgair,
An còmhlan gleusta nach euradh prostaidh,
Ri h-uchd feuma na trèin nach closadh,
Ri lanna bheumnadh gu dèanamh chorp dhiubh.

Èiridh sinne le feum-chrith feargach,
Mar mhialchoin shanntach air chon-taod sealgair;
Sinn gu prionnsail mùirneach feardha,
Gu cuirp a ghearradh is cinn a spealgadh.

Bidh sinn cruaidh mar bhalla pràise,
Nach dèan ruadh-shluagh a-chaoidh ar sgànradh;
'S anns gach ruaig ler bualadh chlàidhean
Bidh gach buaidh le Clanna Ghàidheal.

Och thig a ghràidh, mun cinn sinn miota,
Seal mun caill sinn gu lèir ar misneach;
Fheadh 's a bhitheas ar crìdh' nar crioslaich,
'S leatsa, ghaoil, ar fios gun fhios sinn.

Siud i Chulaidh 's Cha b' i 'n Ulaidh

Air a tharraing on làmh-sgrìobhann.

Siud i chulaidh 's cha b' i 'n ulaidh
Gu bhith cullainn garbh oirre
Cullainn a' bhuilg bhuidh' bhoicinn
Leagh am bod a' mhealg aiste.

Mìle marbhphaisg air an trustar
Guitear nam ball feardha
An t-ospadal an tric na bhàsaich
Màgan de bhrill mheardha.

Thusa a' tarraing nad bheul prionnsa
A phùmpa nam bod meala-mhìn.
Acarsaid nan con 's nan gillean;
'S tric a sgiol iad d' earball.

'S tric a chiogail iad do bhrillean
Nad dhubh-innis tharra-gharbh;
Spreillean do chamais air rùsgadh
Le sìor-lùisreadh Ghalla-bhod.

Chladh thu d' fhuil is d' fheòil is d' ìgh riuth'
Led dhìombas a dhearg-bhana-bhèist,
An *coltolis memento mori*.
Ceann gun fheòil gun eanraich.

Ceud mìle marbhphaisg don trustar
Gulfa nam breall ceanna-chruinn
'S tric a bhàsaich ann ad noig-sa
Gnos de bhod le steallairean.

'S Eutrom Uallach Mear

'S eutrom uallach mear,
Èirigh nan uile fhear,
Èibhinn aigeannach sunndach;
'S gleusta gach Gàidheal glan,
Èileadh 's cocàd geal,
A' màrsal gun airsneal lem Prionnsa;
Len claidheamh 's len sgiathaibh
Air am breacadh gu ciatach,
Len dagachaibh iarrainn 's len cuinnsear;
Mise chathadh nan aodainn,
Rinn, fallaing, is faobhar,
Gu claignean a sgaoileadh is rùmpaill.

Ò togaibh gu sgairteil grad;
Sguiribh dur sìomh mar ghad,[34]
Fògraibh uaibh fadal is lunndachd;
Ullamh mar pheilear dag,
No fùdar do theine snaip,
Tàirnibh nur feachdannan grunndail;
'S air Uilleam chinn chlodaich,
A ghineadh le cocoil,
Air dìoghaltas cogail nach brùchd sibh?
'S cuiribh àr na sheasas
De reubalaibh leis-san,
Gan tolladh, gan leadairt, 's a' strumpadh.

Ò 's truagh an car,
Bhith dur n-èileadh 's dur n-ar,
Dur n-armaibh gur faileadh 's gur rùsgadh.
Ma mhathas sinn seo,
Cho luaithe ri roth,
Nitear tràilleagan uile dar dùthaich:
Gun lomar mar ghèadh sinn
A spìonar sa chistin,
'S gun sparrar oirnn briogais mar mhùtan;
Gach aodach is tartan,
Gum feannar sinn asta,
'S gun sparrar oirnn casag gu bùirt oirnn.

---

34 Faic 'riomaguad' sna faclairean.

AISEIRIĠ

Ò 's mise gum mol,
Sibh a mhosgladh le toil,
'S às ur cadaltachd shomalta dùsgadh;
Gun fhàrdal le for,
Sibh a dh'èirigh le goil,
Gu dìon ur seann sonais 's ur dùthchais:
'N sin èiridh leibh Albainn
Gu calma 's gu h-uile,
'S gheibh sibh tàbhachd air n-ais gu fìor-chliùiteach,
Anns gach sgannal fìor-dhosgach
A fhuair sibh 'n Cùil Lodair,
O choltas breun-phoca de Dhùitseach.

Ò donasan esan!
Cha d' rinn e riamh seasamh,
On a rinn ceart-dhleastanas bùidsear
Ach maoim agus teicheadh,
Anns gach làraich ga fhreastal
Ga bhualadh mar theasach 's a chrùn air:
Gum bi e mar Chàin
Na gheilt anns gach àite,
'S a chogais toirt plàigh agus sgiùrs air:
'S mar a thachair do Hèrod,
'S da dhearbh-bhràthair Nèro,
Gum faigh e bàs èitidh bhios brùideil.

Ò Chlanna bha bras,
Riamh nach robh tais,
Am math sibh do rasgalaibh bùirt oirbh?
Fhineachan gasta,
Cruinnichibh cas,
'S faigh'mid air n-ais ar n-ainm cliùiteach:
Chan eil am Breatainn de chuideachd
Na chuireas rinn cluigean
Ach dèanadh a' bhudraisg ar dùsgadh,
Na tha Ghàidhealaibh arrant'
Eadar Gallaibh is Arainn,
'S na tha *Jacobites* Ghallach 's gach dùthaich.

Ò fàgaibh na th' ann,
Mnathan is clann,
Air làmhan an Dia dhùilich;
Leanaibh ga dìon
Standard an Rìgh,
Às leth Chrìosta le dùrachd;
'S na trèigibh am feast' i,
Le biait de *dheserta*,
Gus an cuir an t-Àrd-easbaig a chrùn air;
'S toillidh sibh beannachd
Dhia, dhaoin', agus aingeal,
'S bheir daoine mòr-cheannach is cliù dhuibh.

Coma Mura Tig Tu Idir

Coma mura tig thu idir,
Mura tig thu nis a chlisgeadh;
Ar call 's ar sgainnir nach fidir,
Thoir a-nis a-nis an ionnsaigh.

Nach truagh leat fèin mar thachras,
Na saoidhean a bh' agad am Preston,
A bhith toirt diubh an arm 's am breacan,
Le prasgan a' bhùidseir.

Ma tha comas dut air fonn,
Thig a-nis 's thoir dhuinn cobh'r;
Chaoidh cha ghabh sinn tuilleadh so'idh
O ghleadhar a fùdair.

Dìoghlaidh sinn air cuilein Dheòrsa,
Na rinneadh oirnne de dhò-bheairt,
Ma dh'fhòghnas claiginn a stròiceadh,
'S an cuid tòn a sgiùrsadh.

Ma dh'fhòghnas clàidhean a sparradh
Annta gu ruig an smior-chailleach;
Dh'aindeoin bùirich an cuid canain,
Bidh cuirp gheala rùisgte.

Nì sinn fuil is gaorr a fhùidreadh,
Nì sinn cogadh le làn-dùrachd;
'S gheibh sinn tuarastal mar 's fiù sinn,
Dh'aindeoin bùrt luchd-tionnsgail.

Ò Togamaid Oirnn Tar Uisge 's Tar Tuinn

Ò togamaid oirnn thar uisge 's thar tuinn!
Ò falbh'maid thairis gu Teàrlach!
Na miotaichibh idir an ionad nam bonn,
Ò seòlamaid fonnmhor gu Teàrlach!

Mur tig thu gu tràth 's gum fòirinn thu oirnn,
Le neart, le stòras, 's le clàidhean,
Fannaichidh sinne le fòirneart cruaidh Dheòrsa,
'S chan fheàrr do chlann chòir na na tràillean.

Ged thug iad uainn na bh' againn fo sgrìob,
De dh'airgead, de nì, is de dh'àirneis;
Cha tug iad fòs dinn ar misneach 's ar clì,
Gu bheil sinn cho rìoghail 's a b' àbhaist!

Ò dèanaibh ullamh, a mhuinntir an Rìgh,
Gum buaileamaid buillean le Teàrlach;
'S mura tig esan gun tèid sinn a-nunn,
'S e thighinn gu sunndach a b' fheàrr leinn!

Mo mhallachd air gealtair a chrùbas le miotachd,
Le gnè de dhìth misnich no fàillinn,
No thrèigeas a chreideamh, a dhùthaich, no Rìgh,
'S nach taisbein a dhìlseachd do Theàrlach!

Ò fhuair sibh uam bàirlinn is dèanaibh dhith feum,
'S theirgibh nur n-èideadh gu dàicheil;
Tha Teàrlach a' tighinn le cabhlach garbh treun,
A bheir air na bèistibh adbhànsa!

'S ged tha sibh gun airm gun aodach gun sprèidh,
Gum faigh sibh uaith' fhèin gach aon seòrsa,
A dh'fheumas ur cuirp 's ur n-anam gu feum,
Gus an dèan sibh a' bhèist ud fhògradh!

Na h-abair, na h-abair

Na h-abair, na h-abair,
Na h-abair nas mò;
Gabh mo chomhairle, stad ort,
'S tuilleadh spaglainn na ròp;
Chaidh tu mòran is fada
Ann an saltrachdainn oirnn,
Gun *respect* thoirt do phearsainnean
Beaga no mòr:
Tha thu nis air do phabadh,
An eangaich glacta od dheòin;
Cha toir eanglann no cas-bhàrdachd
Aist' thu rid bheò:
Gum meal thu chrabhata
Thoill ascaoin do bheòil,
'S e aoir a' Phrionnsa 's a ghaisgeach,
Nì do thachdadh le còrd.

Och mo nàire mar thachair
Don mhnaoi leacanta chòir,
Bean is inighean a' phearsain
Bhith don pheacadh na ròd;
Dh'earbadh duin' à mnaoi chneasta
'S foghlam aice nas leòr,
Nach biodh mì-mhodh leath' blasta,
Ach ciùin staideil na seòil:
Ach chan amhail mar thachair,
Caoin air ascaoin tha còt';
Gur h-i 'n canabail ceart i
Gu beul-chagnadh nam beò;
Dh'ith i 'm Prionns' agus *action*
Eadar chraiceann is fheòil;
Ach ma dhìl'eas i bracaist,
Thuit is lag air mo dhòigh.

'S iomadh gàir' agus gàimead,
A bha 'n campa nam biast,
Nan crò 'g èisteachd rid champar,
A' cur angair air Dia;
Thug am puinnsean bha gnàthach
Don adhbhar-sa riamh,
Gun do shluig iad do ràcadal

Tlàth mar mhil shliabh:
An rud as biadh do dh'aon phàrtaidh
Gum bàsaich e ciad;
Gur h-e leasaich an gràdh air,
'S a rinn àraid an rian,
Gur h-i b' ùghdar don sgràl ud
Tè dh'àl nam bial fiar,
Dom bu nàdar mar fhàgail
Bhith na blàth-shlait don ria'ch.

Tha 'n fhìrinn ri h-àireamh,
On 's i dh'àicheas a' bhreug,
Chan eil fineach san nàisean
Chaill ur nàir' ach sibh fèin;
Dhruid meur de gach pàrtaidh
Rir n-adhbhar gun chèir,
Chaidh an onair an àird orr'
Os cionn gràinnein de sprèidh.
Cuim nach d' rinn sibh mar Ghranndaich
A ghlèidh an càirdeas 's an cliù?
Gun sibh a thumadh ur spàine
An aona chàl diubh o thùs:
Mar sin shaoilteadh nach nàmhaid
Sibh a dh'adhbhar a' Phrionns',
Gun chair'-iomchair aig càch oirbh,
O nach d' àilich sibh riuth'.

Ach bha galar an daol-chrìdh'
Riamh an dlighe dur pòr,
'S bhiodh am bàs air a dheireadh,
Mum biodh deireas air òr;
Dh'fhidir sibhse gu sgoinneil,
Gun robh 'n ceirean-s' aig Deòrs',
'S nach robh againn' ach gainne
De gach goireas for sgòd:
Neach as fheàrr nì ur ceannach,
Nì sibh a leanailt mar Rìgh;
Sibh siuddserich theanna,
'N àm ceannairc no strì;
Na reubalaich cheangailt'
A fhuair Mamon na lìon:
Bheir an saoghal-sa 'n air' oirbh;
Thall is maireann ur pian.

Fìobh! Fìobh! Gura brùideil,
O dhaoine cùirteil, 's iad mòr,
Onair, creideamh is coinseans
Thoirt air ionntas do Dheòrs';
Chan eil creideas san iomlaid,
Ach fìor aimhleas is gò;
Tairbh' dhìomain 's chan fhiach i,
Bhith cur cùl ris a' chòir.
Ach nach creid sibhse uamsa
Fìrinn chruaidh gun dad brèig',
Dh'aindeoin dìlseachd ur gluasaid,
Sinne sguabadh dar sprèidh,
An donas fineach san uair-sa
A thuairgneas am feur,
As lugh' air meas no cruadal
Na ur ruadh-chroisean breun.

Mur bhith cùram nam bòcan,
Lìonmhor mhòr bh' os ur cionn,
Chaidh a' chàbhraich gu stòl oirbh,
'S bhiodh an dròbh bun os cionn;
'S e ur mìlsean geal sòlais
Aoir ghòrach a' Phrionns',
Bu cho beag oirbh an ceòl sin,
'S sùgh còrcaich à crùmp';
Cha bhiodh ur campa cho òrdail,
No cho stòlda na phlùm:
Gum biodh goic air ur sgòrnan
'G amharc seòlt' os ur cionn
Nam bealach 's nam mòr-bheann,
Àrd is còmhnard gach fuinn;
Smior na geilte gur sgròbadh,
Ro shlògh sin a' Phrionns'.

'S iomadh deòraidh dall bacach,
Bodhar pailseach fo leòn,
'S e dh'eudach air plaideig,
'S a dhèirc aige na còir;
Gun mhaoin shaoghaltach aige,
Bhiadh, a bheairteas, no dh'òr,
Ach na chruinnich am baigear
Na aparsaig bhròin;

A dh'fheann sibhse o chraiceann,
'S thug sibh aiste chuid lòin;
E sgreadail mur casaibh
Ga acain na ghleò;
Bha na truaghain nan airce,
'S an cridhe plapraich fon còt',
Iad ri fanna-ghal le laigse,
'S gun sheòl ac' air bhith beò.

Chaoidh na cuiribh am fiachaibh
Gun do strìochd sinn duibh fèin,
'S ann a fhuair sinn ar ciapadh
Le h-arm trì-fillteach treun;
Cothrom talmhainn is sìona,
Air sliabh ìosal cruaidh rèidh;
Eich is canain gu lìonmhor,
Ri dian-sgrios ar treud;
Sluagh foghlaimte reachdmhor,
Bha riamh cleachdta ri blàir,
Gu teine thoirt seachad,
'S gu casgairt nan àr:
Nam bu sibhs', a shluaigh bhrachdaich,
A thachradh nar n-àit',
Cha bhiodh plundrainn no marstachd
Cur oirnn cacain an-dràst'.

Bha brath aig gach seòrsa
Chuir eòlas oirbh riamh,
Gum b' annsa leibh stòras
Na còmhrag air sliabh;
Smior a' chnàimh a bhrist fòirneart,
Arm mòr nan ruadh-bhiast,
Cha d' earb ribhs' ach a thogail,
On a thogair sibh triall.
Ò nach sibh rinn an tapadh
'S a' ghaisge bha garg,
Dol le mìltean a chreachadh
Dhaoine shnas, 's iad gun arm;
Thugaibh taing do neart Shasainn,
Rinn ur lasan a shearg,
Nach robh ruadh-chroisean claiginn,
Sileadh asta 's iad dearg.

'S i do theanga shlìom shleamhainn
Chuir do bhreamas ort suas,
Rinn an drisean do sparradh,
Led rabhan làn fuachd;
Nad chaise-bhùird gearrar
'S gach fearann mun cuairt,
A bhana-bhàrd rinn an ealaidh,
'S garbh alla 's Taobh Tuath.
'S iomadh baintighearna bharrail
Eadar Gallaibh is Cluaidh,
Manainn, Dòbhar, is Bearaig,
'S Èirinn thallad ri luaidh,
A ghibhteadh òr agus earras,
'S taing a bharrachd mar luach,
Chionn gum faigheadh iad sealladh
Air an fhear ud fad' uath'.

'S beag a bhuineadh nighean d' athar
A bhith labhairt le tàir,
Air Prionns' Teàrlach nam flatha,
Bha do ghabhail ro àrd,
Bhiodh do chàirdean a' spraigheadh
Le h-aighear, hurrà!
Nuair a chluinnt' thu ri gabhail
D' aoir bhadhail fos n-àird.
Chan eil fineach am chuimhne,
Saor o Ghuibhnichibh fèin,
Dh'èisteadh d' ealain làn puinnsein
O chontrachd do bhèil,
Nach troideadh riut grunndail,
Mud thionnsgal garbh breun,
Mar ri achmhasan sgiùrsach,
Fhaotainn dùbailt' od chlèir.

Caiptean Donnchadh an trustar,
Am fìor ghlutaire mòr,
Thug e urram na musaich'
Air gach muic bha san dròbh;
Chan eil aon seòrsa sgudail
Nach luidrich le shròin,
Gus an càrnadh na bhuideal
Sàth aon tuirc bha san Eòrp'.

An tè bha galar na tuiteim
Air a muit gach aon lò,
Bhith cur char dith sa ghuitear
'S cop fliuchain mu sròin,
Dh'ith e an dèirc bha na pucan
Air a shuipear o chòin,
An taigh fàs 's i gun chuideachd
'S gun a mhurtadh am bròn.

An saoil thu fèin nach do dh'aomadh
Le daoraich do chiall,
Nuair a theann thu ri aoireadh
'N fhìor-laoich sin Loch Iall?
Curaidh gasta nach aomadh
Ann an caonnaig, an triath;
'S le cruadal do laochrachd
Gun sraonadh tu ciad:
Do rèisimeid ghasta
'N àm sracadh nam bian;
Mar shaighdean luath sgaiteach,
Bhiodh do ghasraidh dol sìos;
Cnamh-smùise ga spealtadh
Lur bras-bhuillibh dian;
Gur neo-ghiùgach do ghaisgich,
Gun taise nan gnìomh.

Iarr do ghiùgairean mìne
Mu Loch Fìona-sa shuas,
'S mu thaobh sin Loch Obha,
Bog odhar a' chuain;
Ma ta iad teòm air a' mhaghar,
'S iasg a dhraghadh à cuan,
'S gun chruaidh ann ri taghadh,
Mura fadhairt thu sluagh.
Cuim ur fearg nach do las,
Ma tha srad innte chruas,
Nuair a phill sinn à Sasainn,
Do Ghlascho rur cluais?
Cuim nach tug sibh cath sgairteil,
Don 'phrasgan' bhochd thruagh?
'S ann a mhaoim sibh mar chearcan,
A' tàrsainn às on fhear ruadh.

Ò Gun Tigeadh

Ò gun tigeadh ...
Ar cabhlach garbh daoineach,
Le Frangaichibh cuthaich,
Le gleadhar na gaothadh;
Gum falbhadh ar mulad,
'S bhiodh curaist nar n-aodann,
'S bhiodh armailt Dhiùc Uilleam
Nan cuileagaibh taobh-dhearg.

A Mhùiseagan binne
Nam fil-fhaclan bòidheach,
'S tric a rinn sibh mo thadhal,
Chur lughaid air òran;
On a leig sibh ur rùn rium,
Sin is dùrachd ur n-eòlais,
Na trèigibh a-nis mi,
'S mi tric ann am chlòsaid.

Ach cò rinn an ealain-s',
Thug sgeith air mo chluasaibh?
Chan fhaod gun do shruth i
O shruthan glan fuarain;
On bhreun-lòn a bhrùchd i,
Le sgiùrdan de thuaileas;
Cha robh na ciad ùghdar
Aon driùchd de dh'uaisle.

Am baisteach bochd mìomhail,
'S mì-shìobhalta gluasad,
Ge fàth gàir' anns an tìr ud,
I dhìobhairt a sprùillich;
'S iad na pileachan mì-rùin,
So-dhì'leadh le Iùdas,
Thug sgeith air an strìopaich,
A h-inntinn a rùsgadh.

'S ged a rùisg thu mar chranna-mhadadh
Sgaiteach do dheud rinn,
Dhèanamh dìchill gar gearradh,
'S nach b' urr' thu ar reubadh;
Chan eil ann am eòlas

Tè sheòrsa fon ghrèin-sa,
Dhèanadh tionnail an òrain-s',
Ach am pòr tha thu fèin diubh.

Breun-mhonstar de dh'ealain,
Gun mhiosar gun òrdan,
Eanghlais shearbh shalach,
De bharrasglaich còmhraidh;
'S beag a bhuineadh do chaillich,
Nighean Chailein ri Seònaid,
Dol a chàineadh a' Phrionnsa,
Cha d' ionnsaich i eòlas.

An cluiche-sa phasadh,
A chearrach gun eiribinn,
'S ann a bhèist thu na cairtean,
Led bhras-iomairt chealgaich;
Na bhuannaichd thu chliù leis,
Cuir ad phùidse gu staillichdeil,
'S mur eil ortsa seun dùbailt',
Gun ciùtaichear d' earra-ghlòir.

Aig a thainead 's tha 'm pòr ud,
An-dràst' ann ad dhùthaich,
Gu bheil mios ort an Latharn',
Gur tu rogha nan ùghdar;
Ma tha iad le soileas
Sìor-mholadh do bhùrdain,
An dùthaich eile cha b' fhiach e
Thogail cian thar an ùrlair.

A bhana-mhinistear ascaoin
A fhuair blas air an t-searbhaig,
'S i mhìosguin an teacsta
'N do shocraich do shearmaid;
'S e 'n deamhan a las thu,
Chuir gart ort fìor-fheargach,
Led aoir dol a chagnadh
Threun-ghaisgeach nan Garbh-chrìoch.

A bhan-rògaire Dheòrsach,
Le h-òrdan bhios sgiùrsta,
'S ann a thoill thu bhith ròiste

Air ròs-bhior am fùirneis;
Tha togradh do sgòrnain
Gud ghòigeach bhith rùchdan,
Dol a dhèanamh an òrain,
Le h-òrdanan Iùdais.

'S nàr do bhean eaglaiseach
Beadachd is tionnsgal,
Le spiorad na beag-nàir',
Labhairt sgeigeil air prionnsa;
Do chreideamh cha teagaisg
Dhut cead thoirt dod sgiùrsa,
Droch cainnt chur an eagar,
Led fheigil a mhùchar.[35]

Dh'aindeoin dìchill do chinnidh,
Anns an iomairt-sa 'n-dràsta,
Torradh suas an cuid chillean,
Le gionaich' na sàstachd;
Gun crùnar Rìgh Seumas,
Le èirigh nan Spàinneach
'S nam Frangach dearg-chreuchdach,
'S còmhnadh gleusta nan Gàidheal.

'S ged a bhiodh tu cho caise,
'S clobha dathte ann ad earball,
Bidh an gnothach-sa paste,
Le ascal nan Earra-Ghàidheal;
Bidh mòran ded aiteim,
Air an spadadh le feara-ghnìomh,
'S cuid eile dhiubh 'n glasaich,
'S cuibhreach rag air an sealbhan.

Chaidh na mucan gu rocail,
'S an socan air rùsgadh,
Ri rùrach nan soithche,
'S nam pocanan plùcte;
Ach 's e *Cumberland* plocach,
Le ochd mhìle dùbailte,
Rinn an *conquest* cho socair,
'S nach stopt' air am bùrach.

---

35   Faic 'feigil' ṅa faclairean Éireannaċ.

'S mur bhith Diùc Uilleam,
An Cille Chuimein na chùrraig,
A bhith cho dìoghlt' air fuileachd,
Bhiodh cullaich ga sgiùrsadh;
Gun rach'maid gu h-ullamh,
Air chullainn mur tùrlach,
's bhiodh dearg-chroisean fuileach
Ler buillean gur crùnadh.

Cha tèarmachadh ceart oirnn
'Prasgan nan Garbh-chrìoch,'
Ach cruithneachd nan gaisgeach,
Chur ceartas am feara-ghnìomh;
Fìor eitean nan curaidh,
'N àm curaist a dhearbhadh;
Luchd bhualadh nam buillean,
An cumasg nan dearg-chneadh.

Tha thusa glè bhòstail
Às do sheòrsa gu cruadal,
Daoine staideile còire,
Ach fìor Dheòrsaich gu buannachd;
Ach 's cinnteach mar 's beò sinn,
Tha sinn deònach san uair seo,
Sinn a tharraing an òrdugh
Gus na srònan as cruaidhe.

Ged a thuirt thu le blas-bheum
Rinn 'Prasgan nan Garbh-chrìoch,'
Chùm sinn cogadh ri Sasainn,
Rè tacain, 's ri h-Albainn.
Cuim rinn nach do chas sibh,
Aig Glaschu lur armaibh?
Chuir sinn eagal ur cac oirbh,
'S thàr sibh às mar an earba.

Ach nuair choinnich Diùc Uilleam
Lur trì uiread de shluagh sinn,
Le ceud ana-cothrom cumaisg,
Gun d' iomain e ruaig oirnn;
Ach 's fhada mun cumadh
Iad buillean aon uair rinn,

Ach uiread is uiread
Dhol a bhuilleachas chruaidh rinn.

Taisbein domhsa milisi,
An ceartair san Eòrpa,
Nach rach'maid nan dosan,
Ann an cosgar na còrach;
'S ged thogadh tu fhathast,
Fir Latharn' is Chòmhghaill,
B' fhasa cat chur an triubhas,
Na 'n cur an uidheam nar còmhdhail.

Na biodh bòst oirbh mun thog sibh
De sprèidh anns an dùthaich;
Mur bhitheadh an armailte
Mhòr bh' air ur cùlaibh,
Cha dèanainn fad iarraidh
Air cùig ciad bheireadh cùis dhibh;
Luchd dhìoghlam nan ceirslean,
'S ìm brachain nam pùidse.

Luchd thogail nam binid,
'S gan dinneadh nam pòca,
Gam bruich air na h-èibhlibh,
Mar ghrèidhticheadh feòil orr';
Na *Hottentots* bhreuna,
Bu dèisinneach còmhroinn,
An cuinneag an dèircich,
'S an creutair gan sgròbadh.

Bha ìomhaigh na gealtachd
Air a cailceadh nur gnùisibh,
Fìor chlamhain na h-ealtainn,
Gu cearcan a phlùchadh;
Nan dèanta ur n-ath-bhaisteadh,
B' ainm ceart duibh na giùdain,
Bu lìonmhor mur brataich
Fìor ghealtairean fùidseach.

Pàigheadh dùbailte steach oirbh,
Bheireadh dhachaigh nur foirgneadh,
Às na mìn-chrìochaibh feachd-bhog sin,
Peacach nan Earra-Ghàidheal;

Le riadh thig na creachan
Le gaisgich nan Garbh-chrìoch,
'S bidh claidheamh is lasair
Mur n-aitreabh bhios gailbheach.

Cha leòmhainn ach caoraich
Thug a' chaoireachd-sa uainne,
Na lugachan plamach,
'S crois sgabhain mun spuacaibh
Bu bhuige na slaman,
Toirt lannan à truaill iad,
Fìor fheòdar ri tharraing
Nach gearradh am buachar.

Chreach na ceallairean òtraich
Snàth is clòimh gacha tùrlaich,
Càis, ìm, agus uighean
Dèanamh gruitheim nam pùidse;
Cha d' fhàg iad balg abhrais,
No ball ann gun spùilleadh,
Buaidh-làraich cha choltach
Bhith 'm fochair nam brùidean.

'S còmhdach mallachd bhan bochda,
Deòir is osnaich nam bantrach,
An dèis an rùsgadh 's an dochann,
Gum bu lochdach ur n-ainneart;
Thig plàigh agus gort oirbh
'S claidheamh prosnachd bhur naimhdibh;
Lannar às sibh mar choirce
Eadar stoc agus mheanglan.

Gur geur tha ur cogais
A' cogadh rur reusan,
Gur h-e Seumas gun teagamh
Thug an saoghal a dh'aindeoin
Corp is anam nam bèistean;
Gun do ghràdhaich iad Mamon,
'S mar sin daingeann san eucoir.

'S ball beag mì-riaghailteach, lag, làidir

'S ball beag mì-riaghailteach lag làidir,
An teanga ghnàth na còmhradh;
Ged thog Dia pàirc phaileasàds di,
Dh'fhìor-chruaidh chnàimh 's de dh'fheòil uimp';
Leum i 'n gàrradh a rinn nàdar,
Bha cho àrd 's bu chòir dha;
'S chaidh i 'n fhàsach le cead Shàtain,
'S dh'ith i 'n sàth gun òrdan.

'S ann uime thà mi, gura làidir
Buaireadh bà na feòla,
Dh'aona bhan-Ghàidheal riamh a thàinig,
Dom bu phàrant Nòtair:
Biodh a beachd cho àrd ri bàn-righ'n,
'S biodh a tàmh san Òban;
A spàin a shàthadh anns a' chàl ud,
A dhiùlt càch dad òl deth.

Ghabh thu leasan od sheana-mhàthair,
A' bhan-daoidhear dhòlach,
Buinte dh'aona chraoibh sheunta ghàrraidh
'S ùbhlan chàich a shòradh;
'S ged bha 'n nathair an robh Sàtan
Gu gnìomh bàird gad spreòdadh,
B' ainneamh ann am Breatainn Àdhamh
Dh'itheadh pàirt ded chòmhroinn.

Nan tairgteadh dhutsa a bhid bhanntachd,
Chionn am Prionnsa chàineadh,
Mar gheall Lusafair le lùbaibh,
Dh'Eo cùirt a b' àirde;
Bu sgaoileadh leisgeil a' chùis sin,
Ge bu diomb is nàir' e;
Ach gun duais ach lom an dùbh-bhrac,
Pac bhrùid Bhocàrna!

Thairg thu do sheirbheis don deamhan,
Gun dad cumha iarraidh,
Gun airgead inntrig, an-asgaidh

Liost thu steach gu biastail:
Nan geallte dhut bhith uil-fhiosrach,
'S làn de ghibhtean diadhaidh;
Rinn thu tuilleadh na rinn ise,
Thilg thu a' phit fon diabhal.

Le fallsanachd mhilis àrsaidh
'N aingeil àlainn uaibhrich,
Gu meas itheadh rinn e clàradh,
Nach biodh bàs an duais di;
Eòlas matha 's uilc gum fàsadh
Na glan-nàdar buadhach;
'S gun togadh feartan a' chroinn ghràsmhoir,
Ise 's Àdhamh suas leis.

Cha deachaidh Mamon ann na dhreasaibh,
Gu cur brat air duaichneachd;
Na sheann riochdaibh fèin 's na chleachdadh
Chaidh e steach gud thuairgneadh:
Ach rinn Eo rud beag cothaich,
Mun do ghabh i buaireadh,
Ged chuir uime bhrùid bu cheutaich,
Bha measg bhèist san uair sin.

Bha 'm buaireadh a bhuair ise làidir,
Agus Àdhamh uaithe,
Am fear a chuideachadh a fàillinn,
Sna chuir nàdar cruaidh-chùis;
Am fallsanach briathrach dàna,
Sgoilear àrd sa chluaineachd,
Deasbad air a h-aodann nàrach,
Gus na thàr e buaidh oirr'.

Chan ann leisgeulach atà mi
Air a' chàraid thruaigh-sa,
Strìochadh do reatoraig Shàtain
Choisinn bàs is uaigh dhuinn:
Ach b' e do dhuais an dèis do bhèisteadh,
Nuair rinn deuman truailleadh,
Paidhir chàrd is cuinneag dheasgainn,
Thug Sròn Easgair uainne.

Nach sumain thu do chiall 's do nàire
Dh'ionnsaigh bàr do choinnseas?

'S na toir breitheanas leth-phàirteach,
'S tilg fod shàil do phuinnsean:
Bheir do chogais seantans tràth ort,
Goirt mar shàthadh cuinnseir;
Mar theanachair gobhann gad fhàsgadh,
Chionn gun chàin thu 'm Prionnsa.

Nach eil nàire mhòr ort fèin,
'S do chogais geur gad sgròbadh,
Nas fheudar dhut itheadh bhreugaibh,
Nach cnàmh trèineas do sgròbain?
Pileachan cho làidir èifeachd;
Slugadh treun-each còids' iad;
An donas diog a bhios sa bhèist,
Mum beir lèigh air fòirinn.

Nach truagh a chinn sibh nur tòrr nimhe,
Seach gach fin' tha 'n Albainn?
Bhèist sibh na cairtean gu gionach,
Lur cam-iomairt chealgaich:
Nuair nach faod sibh on bhàs pilleadh
Chùm ur cillean airgid,
Bidh ur daoil a-staigh gur criomadh
Mar gheur-bhioradh thairgnean.

Gu dè ge gràdhach leat do chàirdean,
Agus pàrtaidh Dheòrsa?
B' iomchaidh dhut bhith baindidh faoilidh,
'S fàitheam chur fod òran;
'S ged a thàradh tu gun tàlant
De shearbh-bhàrdachd eòlais,
Cha bu ghlic dhut prionnsa chàineadh,
No teachd gràineil oirnne.

Nach d' rugadh Prionnsa *Wales* le athair
An deicheamh là den òr-mhìos?
'S tha e 'n ainm Rìgh Breatainn fhathast,
Saor o fhlaitheachd Dheòrsa:
Chaoidh cha leig e dheth a chathair,
A chrùn no chlaidheamh mòrachd,
Gus an sgathar cheann de amhaich,
'S nì sin fhathast dòrainn.

Nach bu chliùiteach e Rìgh Seumas,
'S Diùc Mhodèna pòsta,
An Rìgh sin Bhreatainn agus Èireann,
Leis an eucoir fhògradh?
Gur cho geal a bhreith 's a bheusan,
'S com na grèin' mu nòna;
Ach 's nighean thusa 'n fhear don èighte,
Donnchadh glè dhubh Nòtair.

A mhac Rìgh Seumas ri deagh Chlement,
'N robh na beusan glòrmhor,
Thàinig le ceart-òrdan clèire,
On rìgh threun sin Pòland;
Gach fuil as prìseile na chèile,
An Crìostachd fèin na h-Eòrpa,
Thug iad coinneamh ghlan neo-bheudach,
An corp an t-Seurlais òig-sa.

'S fhad o ghabh sibh ceannach Iùdais,
Chùm am Prionnsa fhaotainn,
A' cliathadh mara, choill, is aonach;
Gum bu chlaon an taom siud;
Glòir don Fhreastal dhiadhaidh theasraig
Esan air na bèistibh,
Dh'aindeoin bùrach nam muc treasgach,
Nach eil seasg san treusan.

Ach 's truagh a-nis an duais a th' agaibh,
'N dèis ur laigse rùsgadh;
Ach na fhuair sibh phlundrainn mhaslaich,
Bheir plàigh, creach, is sgiùrs' oirbh:
Dh'aithneadh nach bu mhath gu feachd sibh,
Gu blàr bras a dhùsgadh;
Failear sibh gun airm gun bhreacain,
'S bheir lagh Shasainn cùis dhibh.

Tighinn chùramach Phrionns' Teàrlach,
Ciallach, bàrrlann, còmaid,
Gun robh urra mhòr gun fhàillinn,
Teachd gun dàil gar còrsa:
'S iomadh facal seadhail tàbh'chdach:
An cruaidh-fhàistinn Thòmais,

On fhidrichte nach cuspair àraidh
Do bhana-bhàrd taigh-òst' e.

Ithidh ùine 's aimsir fhada
Caisteil chlach is mòr-chroinn;
Theirig Cuimeanaich 's Dùghlasaich,
'S Ceusair bhras na Ròimhe;
Thuit sinn gu lèir, gach fineach bhras,
Sliochd Ghàidheil Ghlais is Scòta,
'S tionndaidh roth nan Guibhneach beachdaidh,
'S cha chùm beairteas beò iad.

Gu Dè Tug Dhut, a Bhracaid Shalach

Air a tharraing bhon Cheltic Review agus bhon làmh-sgrìobhann le chèile.

Gu dè thug dhut, a bhracaid shalach,
Amaid nam ban thù,
Tòiseachadh rir càineadh-ne,
'S nach fheàrr thu fèin na 'n cù?
Tràill nan tràill gach trustair thu,
Fìor sgudal amair-mhùin;
Gun mhodh gun eòlas oileanach,
A' teachd air rìgh no prionns'.

Chan urrainn thu gam phàigheadh
'S an ainbhiach a bhios ort,
'S an sean-fhacal ag ràitinn,
Bian mhàrtain 's geall ri corp;
Sin nuair bhios mi pàighte
Nuair bhios do chraiceann nochd,
Air fheannadh od dhà àrainn
'S o amharc an tuill ghrod.

Cha robh bean an Albainn
A bheireadh dhàsan beum,
A dhèanadh a phears' onarach
A chàineadh ach a' bhèist.
Abair nach bu toigh leoth' e,
No ghnothach dhol gu feum;
Chuireadh modh is eòlas,
Srian ri glòir am bèil.

'S e gnàths nan galla gasraidh
Bhith sgaiteach air an dèid;
Cuid eile de chonaibh ann
Bhith comhartaich gun fheum;
An tàin a thig dhan bhuailidh
'S i 'n tè shuarach 's àirde geum;
'S gach uisge mar as taine
'S e shruth as àirde leum.

Bha Cormaig math gu taidheadaireachd
Roghainn nam ban òg;

An tè bhiodh bras mì-nàrach,
Cha bu nì leis dol ga còir;
'S an tè bhiodh gleadhrach sgaiteach dhiubh,
Is iolach àrd na ceann,
Gum b' fheàrr leis a chrochadh
Na mhac-cnuaca a chur na dam.

'S ann den t-seòrsa ghlaganach ud,
Racaid a' bheòil chaim,
Nuair a thòisich ri fineachas
Le inisgean a teang';
Ach bheir mi pàigheadh ullamh dhut,
Bheir urram air gach cainnt,
A thàinig on chraos Latharnach,
Braoisg labharra bhèil mheang.

'S iomadh àite 'n robh do lìonsgaradh,
'S do dhìlsean air do chùl,
Ged rinn earrann mhòr do dhìobradh dhiubh,
'N aghaidh fìrinn agus cliù;
Cha ghleadhar galla-shaidhich,
No caim gun radharc sùl',
Dom bu dhleastanach bhith eòlach,
Gu dè do chòir-s' air crùn.

Thu fhèin 's a' bhèist an Aigeannach,
An aon nasg caigneam teann.
'S restim suas nur blaideachan
Cluig ghlaganach ur teang':
Dà phollaig-chùil nam marbh-chuilean
A sgeith am mealg na deann,
A chladh an ìgh 's an iuchraichean
Le ciogailt pluc nam meall.

Ach gabhaidh mise cead dìot,
Car treis gum iongnadh fèin;
'S na creid gu bheil mi ullamh dhìot
Gun tuilleadh chur ad dhèidh;
Ma chluinn mi gnè ded chomhartaich,
No mhothartaich do bhèil,
Cuiridh mise glomhar
Sa chraos dhomhainn th' aig a' bhèist.

Bha Seumas Caimbeul san àm

Bha Seumas Caimbeul san àm
An robh an trioblaid ann,
Gun teachd a chòir a nàimhdean,
Gus an d' fhuair e bristeadh orr';
Leag e 'n sin gu plunndrainn,
Air spùinneadh nan cisteachan,
Ò 's mairg nach dèanadh bunnradh
Mur dìogh'l a shliochd-san air.

Bha luchd nan croisean dearga
Glè stoirmeil car tiota bhig;
Bu mhath gu spùinneadh bhalg iad,
'S an t-armadh a thuiteadh leoth';
Iarnachan an t-snàtha
Gan càradh nan crioslaichibh;
Bhiodh deasgainnean a' chàise
Fon càirean sa bhriosgartaich.

Bha binntean Ghlinne Mhùideart
Nan crùban nur sgiorplaichibh;
Gach dèirceach bha san dùthaich,
Gun spùinneadh na criplichean;
Na doill a bha gun sùilean,
Gun sgrùd sibh an ciotachan;
Ò 's cailleachagan gach dùthcha,
Ri tùirse mun cisteagan.

Tilgeam ploc no dhà oirbh,
Tha tàireil mar sgiobaideig,
On a fhuaradh fàillinn
Nur càileachd gun mhiosrachadh;
Gum bu chòir ur fàgail
Mar gheàrd air probhaisean,
'S cùig ceud slig' is spàineag
Dh'òl làgain à ciotachaibh.

Gun phìobaire no sionnsar
Bu ghrunndail port a' mhiodair uaibh;
Cha bhiodh a chuairt ach cearbach,
Mar bhàrr thogt' à miosraichibh:
Bhiodh Dùghall anns a' chùlaist,

Gun dùil ri gnè iochda uaibh;
Ri cneatraich air a ghlùinibh
Gun fhùirleach gun spiocaid ann.

Gun robh cogadh sònraicht'
De chòmhrag mu bhinid ann,
Eadar Seusar Còmhghallach
'S an ròs-bhior de bhior a bh' innt';
Thàr e bhean air spròicean
An dòchas a spioladh uaith';
Thuit esan anns an òtraich,
'S bha thòn san dùn-innearach.

'S neònach siud mar fhàgail
Gun chàl-arain misneachail,
Nach fheàrr dhut fear am blàr dhiubh
Na clàrsair, 's e ciotagach;
'S ged a fhuair iad fàth oirnn
Gu tàrsainn ar creiche uainn
Le riadh gum bi siud pàighte,
Cur làgain na sgiodar ast'.

Nuair a thig Prionns' Teàrlach,
Dom b' àbhaist bhith piseachail,
Le Frangaichibh treun làidir,
Gu bràth nach miotaicheadh;
'S iomadh fear tha 'n-dràsta
Glè stràiceil fìor-neoichiontach,
Ris an dealaich pàirt diubh,
Gun àirmhinn dhiubh ficheadan.

Ò cha b' iad luchd a chlàideadh,
'S a chràgradh na miosraichean,
A bh' againn' ach fìor Ghàidheil,
Na sàr-dhaoine sgiobalta;
Cabhain ghlas nan spàrdan,
Bhiodh càbain air ghiob aca;
An aparsaig na gràisge,
Bhiodh spàil agus iteachain.

'S iomadh bodach tàrr-ghlas
Gun nàir' air bheag misniche,
Bu mhath gu rùrach chàrn iad,

'S gach àit' anns am b' fhiosrach iad,
Am faighte balgain shnàtha,
Is càise gu mhion-sgapadh;
Bu mhath gu ruathar chàrd iad,
'S gu tàrcadh nam miosganan.

Bha boladh agus fàileadh,
Cho làidir 's cho biorach ac',
Ri mialchu beinne fàsaich,
Gu làn-damh a shireachd às;
Cha bhiodh prìs na spàine
An àite fon ghrinneal-sa,
Nach biodh am pòc' a' phràbair,
Is càil de na binidean.

Ged a dhèanadh Hàili
Ur fàsgadh chur bliochd asaibh,
An deamhan drùb gu bràth,
A thàirnte dheagh shiltich uaibh;
A' mhàthair-ghuir ged spàirnicht'
Le cràdh às ur niosgaidibh;
Cha bhiodh ann ach fàillinn,
'S bog làb na droch mhisniche.

A bhruthaistich a' bhròis
From Lorn tha droch-mhiotailteach,
Gu dè do chuid-sa chòmhrag,
Do nòs a bhith biotailteach?
Bu tric leat an dèis nòna
Bhith 'g òl do chrùmp liteannaich;
Dol rìst gud shabhal eòrna,
Led chòta 's led mhiotagan.

Tha 'n goile-san cho cràidhteach
Ri cràin-mhuic nan sitigean;
Cha robh siud ach nàdarra,
'S gur pàirt de fìor shliochd a bh' ann:
Nuair bhiodh iad làn de gharbhan
Bhiodh dairireach nam briogaisean,
Ò 's gàbhaidh nach do sgàin iad,
'S nach gnàthach leoth' miosaran.

'S goileachan chon fìor-gheur
So-dhìl'eadh na binidean;
Ach 's gairisneach ri innseadh,
Mar mhill iad na sineachan,
Ri doichleadh nan gabhar grìseann,
Bha shìos ann am Miongaraidh;
'S e siud a chuir an ìnean
Bhith sgrìobadh nam minneanan.

Ròsail iad an Siùna
Spòlt ùr gun dad butair air,
Le eanraich dhonn a' chrùisgein,
Fìor ùilleadh nan cudaigean;
Chaisg iad an toil bhrùideil
Ri mùraig an tuiteamais,
Ò 's iad a bhios gu mùirneach,
Sa chùirt a th' aig Lusafair.

Mo ghràdh-sa Teàrlach Stiùbhart,
Mac ùiseil Rìgh Breatainn;
Cha b' ionann 's mac na siùrsaich,
Ri bùidsear a sgreataich sinn:
Gum b' annsa leam nam phùidse,
Do chùinneadh beag leth-chrùnach,
Na leth-ghini le dhùrachd
On bhrùid tha neo-dhleasannach.

Gum faca mi cùig rèisimeid
Threun aig a' ghille-sa,
Nach do cham am beul
De na dh'eug no na chinnich dhiubh;
Na Gàidheala reubalach,
Breuna gach cinneadh dhiubh,
Nach cuireadh iad sna speuraibh,
Le eutromas gioragach.

Tà Clannach Ainmeil

Tha clannach ainmeil
An-dràst' ann an Albainn,
Gun saoil iad len tapadh
Gun strìochd sinn ler n-armaibh,
Air fàs nam bòcan
Le bùrach an suic.
Hoth hoth! aig gach aona mhuic,
'S a carbad air samhadh;
'S a còrr-fhiacaill rùisgte
Gu cùsanimh bainne.
Chan eil binid no iomadal,
No meuragan salach,
Nach dèan iad a ghiubhladh
Mar arrachdas abhail;
Ò siud gnìomh-còmhraig
Nan Caimbeulach dubh!

Chan eil loinid no taban
No clòimh an dèis armadh,
Nach bi 'm bathaist nan trustar
Dh'ionnsaigh 'm mosaich a dhearbhadh,
Siud gnìomh-còmhraig
Nan Caimbeulach dubh!
Chan eil spàin gu òl fuaraig
No creachainnean tràghad,
Nach bi aca gan seòladh
Gu buailtean a thràghadh;
Siud gnìomh-còmhraig
Nan Caimbeulach dubh!
Chan eil uachdar air miosar
Nach dèan iad a chràgradh;
Mulchag no miosgan,
No miodraichean blàthcha,
Nach cuir iad nam bucaid,
Mar ri pocannan garbhain;
'S fìor-ghràineil an turraraich
Thig o thulchainn na gràisge,
Siud gnìomh-còmhraig
Nan Caimbeulach dubh!

Nuair a thèid sibh a chadal,
'S ur raidsichean seàrrsta,
Bidh ur stamagan ciùrrta,
Gus am brùchd air ur n-eàrrach,
Siud gnìomh-còmhraig
Nan Caimbeulach dubh!
Bidh mòd aig na tùtaibh
Dol an gloicibh a chèile,
'S ur bramannan caolain
A' leum air a chèile;
Siud gnìomh-còmhraig
Nan Caimbeulach dubh!
Tha ur camp air fàs mìomhail,
'S chan fheàrr ur n-artailearaidh;
Bomaichean gaoithe
Sìor-shèideadh suas rinn-gheur,
Drumanna gam beatadh,
Is buinneach na h-èiginn,
Cur ratreut air a' chaca
Gun coitich na cèire;
Siud gnìomh-còmhraig
Nan Caimbeulach dubh!

Ach fuiridh sibh fhathast
Anns an ionad as còir dhuibh,
Anns an fhail uirceanaich
Cladhach na h-òtraich;
Siud gnìomh-còmhraig
Nan Caimbeulach dubh!
'S na gabhaibh dur n-ionnsaigh
An cliù nach do thoill sibh;
Mur bhith tapadh Dhiùc Uilleam,
Agus Breatann bhith 'm foill duinn,
Cha b' fheàrr sibh gu còmhrag,
Na siofainn an t-sruth!
Ged bha sibh aig Bhulcan,
Cha d' rinn e ur fadhairt;
Cha mhò 's ann den fhìor-chruaidh,
A rinn e ur taghadh;
Ach den fheòdar as buige,
'S as miosa sa mhargadh;
Nuair thig àm a' chruadail,

Cha dual da bhith marbhtach;
Siud gnìomh-còmhraig
Nan Caimbeulach dubh!

Mur biodh oirnne ri cogadh,
Ach luchd-cladhaich an òtraich,
Gun cuireamaid stopadh
Air bùrach an sròine,
An armailt each
A mhilleadh an suth!
Cha bhiodh tromhorc no uircean
Nach cuirteadh gu crònan,
Gur sgiùrsadh le lannaibh,
Nach faicteadh h-aon beò dhibh;
Bhithinn glè dheònach
Ri dol air ur muin!
Tha mi cho cinnteach
'S tha anail throm phòraibh,
Gum faigh sibh cruaidh-chunntas
Fhathast nur dò-bheairt;
Thuirt an sean-fhacal cuimhneach
Nach bi math gun bhith rathail;
'S nach bi olc gun bhith dìoghlt',
Mun tig deireadh an latha;
Guidheam sgrìob nàmhaid
A theachd air ur muin!

Luchd nam beul goileasach,
Spreilleasach grànnda,
Ga bheil pailteas na foille
Ga sgeith anns gach àite;
Siud am pòr abhrasach
Ceirsleagach dubh!
Ur bhomad, ur puinnsean,
A' brùchdadh an àirde;
Gach eanghlas bhur goile
Dh'fhàg deireasach tàintean;
Siud am pòr sanntach
Air abhsporaig cruidh!
Thig toradh air shìol,
Mar chuir sibh ur n-eàrlaid;
Gheibh sibh tuarastal dùbailt',

A rèir dùrachd ur càirdeis;
Thug de dhùthchas bhur sinnsreadh
Bhith sanntach air airgead;
O 's e freumhach gach uilc e,
Nì gach peacadh a dhearbhadh;
Air luchd nan stamagan cabhrach,
Nach dèan tàir air gnè stuth!

Bidh ur *register* lìonmhor,
Ga sgrìobhadh an Albainn;
'S ur cuimhneachan salach
Anns gach hiostaraidh seanchais;
Siud am pòr abhrasach
Ceirsleagach dubh!
Thig aiceidean cruaidh,
'S cha truagh leam ur càradh
'N aghaidh luchd nam bial fiar,
A bha riamh dhuinn nan nàmhaid;
Siud am pòr sanntach
Air abhsporaig cruidh!
Bidh sibh cho tàireil
'S gun dèan Pàrlamaid èigheach,
Gun triùir fhaicinn agaibh,
An caraibh a chèile;
Ach mar chèardainnean peasain,
Gun onair gun cheutaibh,
Gur ruith às gach baile,
Gun fhear no bean rèidh ribh;
Ri luchd nan stamagan cabhrach,
Nach dèan tàir air gnè stuth!

Luchd nam beul foilleil,
'S nan cridheachan cealgach,
Chuir cùl rur rìgh dligheil,
'S rinn ur Maighstir àicheadh;
Tairgse suimeannan airgid
Dh'fheuch am bratht' e da chionn;
Sibh dearbh-bhràithrean Iùdais,
'S neo-chliùiteach ur bràthair,
Ged tha cuimhneachan sìorraidh
Sìos sa Bhìob'l air a chàradh;
Chaill e toradh na pàise,

Phàigh ar Slàn'ghear da chionn;
Mas e cheumannan peacach,
Tha sibhse gan leanmhainn;
A' cur neo-choireach laghail
An cunnart cuirp agus anma:
Bithibh cho cinnteach,
'S tha Sgriobtar ga dhearbhadh,
Gum bi ur seantans ro phianail,
An taigh a' bhreitheimh as àirde,
Nuair thig sumanadh bàis oirbh
Gu dol a-nunn!

Tha Mhaighdeann gur tagradh,
Làn acrais sìor-innseadh;
'S chan fhàgar i toileach,
Gun fheòil mholaich nan Guibhneach;
Siud a' chìos-chnàmh
A th' aic' oirbh a-muigh!
Tha i eòlach mur n-aiteim,
'S fad o rinn sibh dhith strìopach;
Chan eil fine measg Ghàidheal,
'S fheàrr nì carbad a lìonadh,
Na na shìolaich a-nuas
O shliochd Dhiarmaid an tuirc!
Tha geàrr o cheud bliadhna,
O rinn sibh rith' pàigheadh,
'S ur n-ainbhiach da rèir sin
A' sìor-dhol an àirdead;
Tuitidh cudam nam fiach ud
Air fear de shliochd Chailein;
'S bidh colann gun cheann deth,
Le carbad na caile;
Siud an deud teann
Tha sanntach air fuil!

Bidh ur ceathramhnan deiridh
Gan togail an àirde,
Cur sàradh nur clachaibh
Le dul nam ball cainbe;
Siud an t-iomairteas bàis
A thig air ur muin!
Sibh nach cuirear an duileachd,

Gach aon fhear is beul cam air,
A' glaodhaich 's a' sgairteachd,
'Tha mo mhagairl' an gainntir,'
Gan tarraing gu teann
Le sreang às am bun!
Cha bhi bean ann an Latharn'
Nach bi basan gam bualadh;
Sìor-thùirse ri gearan,
'Tha m' fhear-taigh' air a ghualadh';
Tha na sruthan air tionndadh,
'S cuibhl' an fhortain nur n-aghaidh;
Dh'aindeoin cabhraich no sùgain,
Cha bhi sinn èibhneach an deaghaidh,
Gach driod-fhortan bàis
A thig air ur muin!

'S fad o thòisich ur puinnsean
'S ur nàdar mì-rìoghail;
B' fheàirrd sibh losgadh an teine
Gu feuchainn ur gnìomha,
Gu glanadh gach giamh
A thàrmaich nur fuil!
Bidh ur purgadair soilleir
Air faobhar nan clàidhean,
Gur sgiùrsadh le lannaibh,
Cur àir air a' phràbar;
Gach aon fhear sa charbad,
'S car cam ann gu bhun!
… … … … … … … ri
Air a rìgh le dòlas;
Ur cogais gur n-agradh
Anns na rinn sibh de dhò-bheairt;
… … … … … … …
Nur cù no nur n-each sibh;
Air mhodh 's nach biodh cunntas,
Oirbh ri thoirt seachad,
Nuair thig turraraich a' bhàis
Le spàirn air ur muin!

Nuair gheibh sibh ur *charters*,
Air ur leapannan caoile;
Ur tiomn' air a sgrìobhadh,

'S ur carcas aig daolan,
Chì sibh suimeannan airgid
Na dhìomhanas dubh!
An saoghal gu h-uile,
'S gach maoin a tha air uachdar,
Ga fhàgail nur deaghaidh,
Ach trì bòrdain mun cuairt dibh,
'S aon lèine chaol fhuar
Air a fuaigheal mur smig!
Bidh am baigear as bochda
Tha 'g iarraidh na dèirce,
Cho saidhbhir a dh'fhearann,
'S cho pailt ribh a dh'eudach:
'S olc a dh'èirich don phràbar,
Chaill iad rompa 's nan deaghaidh;
Gus an tèid càmhal tro shnàthaid,
Cha tig èibhneas an deaghaidh
Gach traoidhtearachd ghràineil,
A thàrmaich na tuil!

Och, 's Och, Och Mi Fhèin

Och, 's och, och mi fhèin!
Smaoineachadh air luchd ar cleas;
Cha tèid mi dh'fhireach no shealg,
Cha mharbhas earba nam preas.
Damh cròice cha dèan mi leòn,
Bidh sinne fo bhròn am feast';
Bata mar bhaigear nar dòrn,
Cochall còt' oirnn, 's beag a mheas.

Cha b' ionann 's ar breacan rìomhach,
B' fhìnealta sgèimh agus snuadh;
Crios ùr de leathar an fhèidh oirnn,
Ga chàradh an èileadh cuaich;
Chumadh e ar n-airm o mheirgeadh,
Fùdar cha bhàthteadh sa chluais;
Bhiodh e ullamh ealamh gleusta,
Dh'ionnsaigh gach feum a bhiodh uainn.

Smeòraichean air bharraibh gheug,
'G atharrachadh theudan ciùil;
Siud mo cheòl an èirigh grèin',
Boc a' rèiceil os mo chionn;
Coilich air bharraibh nan cnocan,
'S an earbaill paisgte na chuaich,
Mala dhearg an eòin bu duibhe
Cur siubhail fom aighear suas.

... ... breac-iteach ceòl-bhinn,
Na h-eòin bhòidheach air bhàrr chraobh;
... ... baganta cruinn beitir,
Air bhàrr phreas a' seinn gach ciùil;
Iad fhèin a' freagairt a chèile,
Le notaichean èibhinn caomh,
Ribheid gun tùchan gun sgreadan,
Aig gach feadaig a b' àrd glaodh.

Cò thàirneas sinne gu ceòl,
No gu sòlas mòr na seilg',
Gun umainn ach cochaill chraicinn,
'S briogais lachdann suas gar ma...
'S èiginn fuireach aig a' bhaile,

'N comann bhan, ge cruaidh an càs;
Nìonagan a' bùrt gu dìomhair,
Ciallachadh nach fiach ar stàth.

Gum b' e siud mo dhùsgadh cadail,
Air leabaidh shocair san fhraoch,
Boladh na meala mun cuairt domh,
'S mi suainte suas air mo thaobh;
Mo bhreacan fodham is tharam,
Gam chumail o fhuachd ...
'S tu bhiodh eadar mi 's gach cruadal,
'S truagh an-diugh thu bhith dom dh...

Nis o chaill sinn geall na coille,
Geall na beinne, langan fèidh,
Cha teich sinn air astar fada,
O chòmhrag fhraoch dheirg is dhuinn;
Gun umainn ach briogais lachdann
Cochall a' slacraich mar druim,
Call mòr bha 'n spòrs na h-abhann
Drathais chlòimh suas gar d...

'S i seo an aon bhliadhna chòrr,
Tha Tòmas ag innseadh gu beachd;
Gum faigh sinn coinne gu leòr,
Biomaid beò an dòchas rag;
Fuasglamaid sinn fhìn o dhraoidheachd,
'S o gach geas sa bheil sinn paisgt';
'S thugamaid a dheòin no 'r èiginn,
Ar cliù 's ar ceutaibh air n-ais.

Tha mi an-diugh gun ruith gun leum;
Tha mo chèile uam air chall;
NicSuain mhaiseach d' ainm-baistidh,
Dh'fhuireadh agam, falbh 's an tàmh;
'S ged rachainn fad air astar,
'S tu leanadh riumsa teann;
Gur tu nach dèanadh mo dhìobradh,
Shneachda no dhìle bhiodh ann.

Tha còrr is dà fhichead bliadhna,
O rinn sinn ar snaidhm a chur;
Cha chualas droch fhacal riamh uat,

Aon mhì-mhodh gun tugainn dut;
Ged a cheangladh thu le iallaibh,
'S ged a tholladh thu le bruid,
Bhiodh tusa cho seang ri maighdinn
Cur fàsgaidh air cliabh mo chuirp.

Shiùbhlainn leat ìosal is àrd,
Mullach bheann is bàrr nan cnoc,
Faoin-ghlinn nan glacagan tlàth,
Creachainn firich 's coille dhos;
Nuair a thigeadh oirnn an oidhche,
Theàrnamaid san fhraoch gu clos;
Mo bhreacan suainte mum chom,
Cadal trom is èirigh moch.

Còta goirid 's osan geàrr,
'S èileadh air a chàradh deas;
Bhiodh siud aig uaislean na h-Albann,
Aig Rìgh Raibeart bu mhòr meas:
Ge b' e theireadh anns an àm sin,
Gun iad a bhith ann am feast',
'S neònach leam nach buailte meall air,
Air Sasainn mheallta nan cleas.

Fìnid

www.ingramcontent.com/pod-product-compliance
Lightning Source LLC
Chambersburg PA
CBHW031104080526
44587CB00011B/811